発達障害のバリアを超えて

新たなとらえ方への挑戦

漆葉成彦
近藤真理子
藤本文朗
編著

クリエイツかもがわ
CREATES KAMOGAWA

まえがき

ある夏の日のことです。私の目の前で2人の小学生が、終わらないサマーワークを前に、こんなやり取りを繰り広げていました。

「7+8は?」

「うーん、だいたい16くらい?」

「いや14やわ」

「真ん中とって15にしとこう」(正解)

途中で正解を教えたくなる衝動に何度も堪えてやり取りを聞いていると、2人は自分たちで正解を導き出しました。計算ではなく、コミュニケーションで……。夏の間にどんどん計算問題を解いて計算力を高めさせようという教師の思いに反し、彼らはコミュニケーション力を上げていました。

時は流れ、1人は特別支援学級での通級指導を受けています。通常学級は何か違う(自分には合ってない)と思うと、自ら志願して入級しました。思いやイメージはあふれるけれども書くことが追いつかない、書かれている文章を読むことに困難さがあります。

「大人はどうして人の価値を、勉強ができるかどうかで測るんかな?」

と2人は口を揃えます。大人の便利な「指導」や関わりが、しんどくなる人をたくさんつくることを、彼らは知っているのかもしれません。

本書編集委員会では、前作で「ひきこもり」の実態について整理をしてきました。ひきこもる原因の一つには、発達障害(の疑いを含む)や特有のこだわりなどから、自己肯定感が低くなっている、人との関わり方が難しいなどの課題をもつ人たちが少なくないのではないか、そのあらわれ方の一つとして「ひきこもり」があるのではないか、と仮説を立てました。発達障害の診断の有無ではなく、「かくあるべき姿」という正解を求めて生きづらくなっている人たちは、少なくないのではないでしょうか。

さまざまな学会で発達障害に関わる報告がされ、医療面では脳科学の進展を反映して、病理に関する研究発表が活発です。新薬の開発、試用も報じられています。しかし、依然として「発達障害」と「精神障害」との区別はわかりにくく、ある種の「個性的な」人や物事への関わり方、取り組み方の特徴は、「障害」によるものなのか、持ち味なのか、それとも受け手の受け取る力が弱いのかと、さまざまな憶測を招いています。

本書では、本人と保護者、医療、教育、療育関係者、研究者と多角的な立場の視点で、正面から課題の内実を問い、「ほんとのところ」を明らかにしようとしています。教育や保育、労働や福祉の分野では、さまざまな取り組みが前進し、２００４年の「発達障害者支援法」制定や２０１１年の「障害者権利条約」の批准以降、社会に理解を深める取り組みや多様な支援について模索が続いています。

落ち着きがない、コミュニケーションが取りにくい、こだわりが強いなどの特徴があるために「物事への取り組みや人との関係がうまくいかないな」と感じていたけれども、「診断を経て、診断名がついたことで道が明るくなった」と言う人がいます。保護者のなかには「自分のしつけが悪かったんじゃないんだ。原因や関わり方を教えてもらったから安心をして育児ができる」と言う人もいます。

一方で、「元気に生んであげられなかった。非科学的なものでもいいからすがりたい」という声もあります。目の前の子どもの落ち着きのなさや学習の理解の凸凹を「あの子きっと、診断（名）つくわ」と「診断」する、にわか「判定員」もいます。「診断」にとどまらず、関わり方を変えたら、もしかしたら、その子はリラックスできるかもしれないのに、そうすることで過ごしやすくなる子どもが、ほかにもクラスにいるかもしれないのに……、と思う場面もみてきました。

1989年に国連で採択され、1990年に国際条約として発効し、1994年に日本政府も批准した「子どもの権利条約」では、子どもの意見表明権、生存権などさまざまな権利が保障されています。生命権の保障には、自分のしたいことができる、言いたいことを聞いてもらえる、認められる、安心して食事ができる、眠ることができる、知識欲を満たすことのできる学習や学習環境があるなど、ただ生きているだけにとどまらない主体的な参加の権利があると言われています。

それらの権利を守る責任が大人にあります。そのために子どもの声を聞き、のびやかに育ちたいという育ちの内なる意思が保障できるよう、おだやかに子どもたちが過ごせる環境をつくり、守り、提供することが、国や行政そして大人たちに求められています。

「発達のみちすじ」がわかることは本来、未来に期待をする見方であったはずです。けれども「もう○歳なのにこれができない、あれもできない」と「評価」になっている部分もあるように思います。

元来、一人ひとりの見え方、感じ方、物の捉え方はさまざまで、それぞれの角度から見えたものや感じていることを授業や保育実践のなかで生かしていこうとしてきました。集団による保育や学級で、「みんなで取り組んだら楽しいよね」とさまざまな実践が積み上げられてきたのです。

しかし、「同じ」や「みんなで」を求めすぎるあまり、みんなのなかでの〝かくあるべき〟という正解を求め、保育者や教師たちをも含む一人ひとりの自己肯定観を下げている現実もあるように思います。

自分を好きでいられること、今日1日楽しかったと言えること、自分らしい仕事を見つけていけることを支援ができる人が1人でも増えることが、誰にとってもより過ごしやすい環境になることだと疑いません。

本書はまず第1部で、発達障害の診断名のついた小・中学生、高校生、大学生、成人、そして保護者の目線から、それぞれの世代がいま感じていること、思っていることを、聞き取りなどから整理して紹介しています。

第2部では、現場の教師、保育者、大学や就労支援の取り組み、成人期の実態や課題を示しています。発達段階に応じてていねいに子どもたちに向き合いながら、「○○ちゃんのため」ということにとどまらず、一人ひとりの過ごしやすさに向き合う取り組みからインクルージョンへとつながる提言です。

第3部では、研究者による理論的な裏づけを行っています。ここでは医療、臨床心理、福祉からの整理を試みています。各分野でアプローチは異なっていますが、一人ひとりの姿をきちんと見つめていこうという視点は底通しています。

2016年に改訂された発達障害者支援法には、医療保険、福祉、教育や労働などさまざまな分野で、乳幼児期から学童期、成人期、高齢期に至るさまざまなライフステージに応じた支援の必要性が明示されています。また同法第2条には「発達障害者」が「社会的障壁により、日常生活または社会生活に制限を受けるもの」と定義されています。

本書は、この社会的障壁に立ち向かう一人ひとりの思いを明らかにし、学校、就労などの現場の関係者が多角的に執筆し、総合的にまとめています。関わることが難しいと思う人の隣にいる人や支援をしている人、人と関わることがちょっと難しい、苦手だと思っている人たちが、現状や支援の実際について伝えることから、共生社会やインクルージョンについて問い直しを行っています。

「あれができない、これもダメだ」と自分や相手に烙印を押し、「できる・できない」という評価で判断をする社会から、一人ひとりのライフステージを支え合い、一人ひとりの「個性」がかけがえのないものとして尊重される社会へ――。本書がそのための1冊になればと思っています。

最後になりましたが、広がっていく議論と構成をあたたかく見守り、出版を支えてくださったクリエイツかもがわの田島英二さんに心よりお礼を申し上げます。

春うららかな陽光の日の出会いから紅葉の季節を経て出版にこぎつけることができたこと、みなさまにお礼を申し上げます。

2019年　冬の京都にて

漆葉　成彦
藤本　文朗
近藤真理子

「発達障害」のバリアを超えて
――新たなとらえ方への挑戦

目次

第1部

発達障害？ほんとのところを聞いてみる

本人・家族の声

01

「生きづらさ」って何だろう
――私の場合

上野一郎

「生きづらさ」という言葉について考えながら、自分自身の経験を記してみます。誰かに伝わって、役に立つこともあるのではないかと思っています。

自分自身が生きている環境のなかで、居心地の悪さ、自分の居場所のなさ、周囲とのすれ違いを感じてしまうことが頻繁にあります。1つのことを思い始めると、そのことをぐるぐる考えてしまいます。いつの間にかそういう思考のクセがついたのかもしれませんが、それも1つの生きづらさなのかもしれません。

「生きづらさ」をもって生きている人たちは、たぶんそのような「生きにくいなあ」ということを自分で感じ、頭の中で日常的に反復するようなこともあるのではないかと思います。

(1)「私」の始まり

私は平凡な家の長男として生まれました。両親はサラリーマンの父と兼業主婦の母です。祖父と祖母、弟妹の家族で、小学1年生のときに郊外に引っ越しました。同級生か親から聞いて心に残っているそのときのエピソードがあります。

引っ越した先の新しい小学校は、誰も知らず友達もいない環境です。そこでドッジボールの時間に積極的に参加して、活発に遊んでいたそうです。ボールをもったら「お前ら当てるぞ〜、逃げろよ〜」という感じだったそうです。

ドッジボールは、相手チームの誰かを狙って強く投げて当てたりします。新しい環境にすぐに溶け込んでそういうことをしていたとは、いまではちょっと考えにくいのです。そのときは相手の距離が近過ぎたのかもしれません。いまなら所在なげに、隅でじっとしているのではないかと思います。

その後、小学生の中学年くらいから変わっていきました。

⑵自分らしい自分、小学校時代

自分が自分らしい、こういうのが自分だ、と思うようになってきたのは、小学校3、4年生の頃からです。その頃に本を読み始めて、自分で学校の勉強をしっかりと取り組み始め、それで視力が落ちてメガネをかけるようになりました。それが直接的なきっかけだったとは思いませんが、そのあたりから少し引っ込み思案な、内向きの性格になってきたのではないかと思います。人とのコミュニケーションに臆病になってきたのです。後に母からも「あの時期からおとなしくなってきた」と言われました。

小学生の頃は、クラスメートなど同じ年齢の子どもたちとあまり遊ばず、下級生とボール遊びなどをしていました。対人不安のようなものの根っこが、その頃からあったのかもしれません。同世代の若者（自分もまだ若者ですが……）に対する対人恐怖感のような感情は、物心ついたときからずっとあります。これから一生ついてまわるのだろうという気がします。

中学、高校時代に不登校などにならなかったことは、ラッキーだったのかもしれません。結局、大学生になってから対人不安、広場恐怖のような感覚が抑え切れないほど大きくなりました。そして、日常生活で家族以外にどんな人ともつき合わなくなるという、「ひきこもり」の定義にあてはまるような生活がスタートしてしまいました。

中学、高校時代は、無遅刻、無欠席に近い状態でした。小学校高学年から中学生の時期は思春期で、色気づいてくる難しい時期にさしかかるのだとは思いますが、私はほとんどそういうところがありませんでした。コミュニケーションのとり方に違和感があり、ちょっと周囲から浮いた感じだったと思います。何となく同世代のカジュアルで密な関係性などに、居心地の悪さを感じ始めていました。子どもらしさに欠けていた部分があったので、勉強はできるけれどもどことなくそっけないような、思春期らしくない中学生でした。

変にシャイな部分もありました。人との距離感をおいてしまう回避的な感覚もありました。それが原因なのかはわかりませんが、軽いいじめもありました。けれどもある種の鈍感さ、コミュニケーションに対する感覚の鈍さのようなものがいま以上でしたから、いじめを受けたときもあまり深刻に思い悩み過ぎることはなく、そのために学校に行けなくなるほどにもなりませんでした。それが逆によかったのかもしれません。

(3)ちょっとした「いじめ」をめぐって

中学、高校生の時期、周囲から浮いた存在という私の性格からか、いじめの対象になってしまうことも数度ありました。継続していじめられていたということはありませんが、突然、嫌がらせを受けるようなことがありました。特に何かのきっかけがあって始まるわけではありませんでした。自分が何となく周囲との関係に違和感とずれを感じていたように、周囲にも「あの子は何となく違うなあ」という感覚があって、それが原因だったのかもしれません。

いじめの状況から逃げる、問題を解決することはなかなか難しいことだと思います。所属している学校、教室、同級生から離れたり、いろいろなところに相談したり、話し合ったりすることも、本人にとっては難しいことだからです。

いじめとはっきり言えるレベルではなくても、周囲とのコミュニケーションの取りづらさは、生きづらさをもつ本人にとってはたいへん厳しく難しい問題だと思います。さらに、助けを求め、その助けを受け入れること自体にも、対人コミュニケーション力が必要だと思いますから、コミュニケーションそのものに苦手な部分がある人にとっては、困難なことではないでしょうか。

⑷同世代といる空間での居心地の悪さ

小さな頃から同世代の男性、女性に対して、いっしょにいると妙に居心地が悪い感覚がありました。それがなぜなのかはよくわかりません。現在でもそういう感覚が自分のなかに確かにあります。知り合った人たちと会うと次第に仲よくなったりするとは思うのですが、互いにニックネームで呼び合うことがある一方で、親密さを避ける傾向もあります。自分のなかにちょっとためらったりする部分があるのは、不思議な感じというか、外側からは堅苦しさやそらぞらしさがあるように見えているのかもしれません。

自分の生きている人生についても、本当に自分自身のものであるとして捉えるのもどこか奇妙で、まるで他人事のように感じ、いまここで生きているという世界について、どこか所在なげに感じてしまうことがよくあります。

中高で所属していた卓球部は、体力的なことや個人スポーツなので合っていると思って選びましたが、幸運なことに結果的に正解だった気がしています。中高と何とか6年間続けることができ、学校での放課後の居場所になっていました。クラブの先輩、後輩、同級生の人間関係なども、自分にとって居心地のよい環境で、比較的コミュニケーションの取りやすい人たちに囲まれて、とてもありがたかったからです。クラブ活動に参加していなかったら、学校を辞めていたかもしれません。

(5)高校生の進路？

中学生のとき、学校の部活動の傍ら、地元の卓球のサークルのようなところに所属していました。そこにいた高校の先輩に「同じ高校においで」と言われ、受験して合格しました（地元のトップ校）。入学をしてすぐのテストでは150番くらいでしたが、英語を少し勉強したら校内で1位になりました。たいしてがんばったわけではないし、ほかの科目は普通くらいの成績でした。全国模試にも名前が載りました。周りは席次の隣に名前と志望校が書いてありました。自分はどんな大学があるのかも教えてもらっていないし、何かをめざしているわけではなかったので、そこは1人だけ空欄でした。みんなと違うのか、と思っていました。

(6)「生きづらさ」は終わらない

対人不安、社会不安が自分のなかの根っこにあり、対人コミュニケーションの難しさや生きづらさというものが、ずっと頭をもたげていました。思春期の頃には誰にでも、そのような心理的な過剰さや不安のようなものは、多かれ少なかれあるのかもしれません。私もそうした部分では、ごくごく普通のどこにでもいる若者、子どもの1人だったのでしょう。しかし、後に大学に行くことができなくなり、18歳で退学しました。その後10年以上もひきこもり状態の生活を続けたという点で、普通とは言えなくなります。

学校の勉強の成績はよかったのですが、社会性がなく、コミュニケーションにいびつさや難があって、自己不全感が強かった子どものまま成人になって、悪い部分だけが保存され続けたのだと思います。何らかの受け入れられるサポートの介入のようなものもなく、個人的な人間的成長が社会に開かれていくことがないまま、生きづらさを抱えて立ち止まってしまうことになりました。

いまの若者にとって、反面教師的な存在かとも思います。

(7) 空虚な自分

大学では、忙しくするのか暇にして過ごすのかは、自分で選べるのだ、とは思いました。それまでは、誰が敷いたのかわからないレールに何となく乗って、何となく流されたように生きてくることができていました。そうでなくなってから気づいている次第なのですが……。

当たり前のことでしょうが、選択をすること、自分自身でいろいろ選び取っていく、自分で考える、とことん考えるということ、自分は何がしたいのか、できるのか、自分が求める希望を打ち出すということは、難しいことでした。

自分というものが「からっぽ」である、空虚でこれという指向性がないと途方にくれる、という瞬間です。そういう、自分に何にもないという感覚と、自分というものをもって前に進んでいる人たちの集まりのように思える「社会」に対する違和感、疎外感のようなことは常に感じ続けてきました。

⑻大学生になり深刻化

友人たち身近な人たちに嫌われたくないというのは、誰にでもある、ありふれた感情だと思います。それが過剰になって、自分のなかで社会生活を保てないレベルにまで膨らんで、自分の心を食い尽くしてしまうようになってしまうと大変なことです。

人間関係から、さまざまな楽しいことがたくさん生まれてくることもあるでしょう。しかし、人と関わることによって傷つくこともあります。だから、できるだけそういう関わりを避けたいという思いをもってしまうと、なかなかつらいのです。自分が生きて存在していること、自分のいる社会に対する感性が、ゆがんできてしまう気がするからです。

同世代の友達でも顔を合わせ、話をする機会が増えていけば、だんだん互いのことを知るようになり、表面的な話だけではなくて、いろいろ深い話などもできるような関係ができていったりするものだと思います。

しかし私の場合は、もともと親密な距離のもち方が苦手でもあり、本来は他人としっかり関わる時間や機会があるはずの大学時代でしたが、結局、親密なつき合い方はできませんでした。振り返ると非常に残念だったと思います。

⑼人が怖い、怖いから怖い

メンタルヘルス系の医療機関やカウンセリングなどには一度も行ったことがないため、自分がどんな人間なのかと、本などを読みながら探ったりもしていました。本などで人格障害などの項目などを見る限りでは、「回避」という要素がとても強い人間で、それが染みついていると、いつも思います。

他人とのコミュニケーションを、必要以上に怖がり過ぎてしまう感覚があります。常に強迫的な不安感が自分のなかにあります。知っている人、馴染みのある人となら、話しやすければ多弁的になったりすることもあります。しかし、何となく居づらいとか、話についていけないような状況にいると、場面緘黙《かんもく》のような状態になってしまうときもあります。

人との距離感がうまく取れないという悩みはありました。相手の人にもよりますが、とっつきにくい人だと思われていたと思います。アスペルガーなどの本を読んだりすると、どことなくあてはまる、と思い当たるところがあります。

⑽生まれてはみたけれど

子どもの頃から、将来の自分像や社会的にどうありたいか、あるべきかというものはまったく見えませんでした。お金をしっかり稼ぐ人間になる、家族がほしい、地位と名誉がほしい、ちゃんと仕事をもって世の中に出て活躍したい、という感覚がほとんどなかったことが影響しているのかもしれません。

ある程度流れに乗ればこなしていくし従っていく部分があるので、何となく社会に出てそれなりの位置についたら、そのまま進行していくということも十分あり得たかもしれませんが、そうはなりませんでした。

それでもぼんやりと、身近な大人のあり方のモデルとして、学校の先生の存在はありました。それで、大学は教育学部に入学したのかもしれません。みんなはこんなふうに振る舞うし、こうだと言うから合わせたいけれども合わせていけず、昔から自分自身のこと、自分のあり方、未来を考えるのがまったくできない人間だったこともあり、教育に関心もあったように思います

⑾何もない日々、変われない日々

発達障害やアスペルガーなどの特性をもった人々は、生きにくさ、生きづらさを抱えて生活することもあり得るのかと思いますが、私は正式な診断を受けたことはありません。とはいえ傾向があるようにも思えるので、そういう部分を認めて意識的に生活すると、生きにくさを調整していけるのかもしれないと思っています。

前述したように、一歩踏み込んで人と関わっていくことは大学時代にはできず、人との間に壁を感じていただけでした。サークルの友達に会うために学校へ行く、あるいは行くべき場所、行きたい場所があればよかったのですが、そうはなりませんでした。自分でうまくやっていけるという感覚がなく、不安でいっぱいだったり、変な思い込みがあったりしたので、とても苦しみました。

完全に大学へ行かなくなり、家で過ごす期間が始まりました。何をするわけでもなく、本当に無為の日々です。寝転がって読書をしたりする程度です。時間の感覚がすごく遅くなり、時が止まるような日々です。ただ流されている日々でした。誰にも会わない、どこへも行かない、行くところもない日々でした。

インターネットが普及し始める頃、パソコンを買ってもらいました。祖母が心配していたのか、とりあえずパソコンくらい扱えたほうがいいのかもしれないということで、始めました。ネットサーフィンをするだけでしたが、熱中しました。それだけで、何が変わるということでもなく、家にいて、何をするわけでもなく過ごす日々が続いていました。自分で何かを積極的に選んで、新しく始めるということができない状態には、何も変わりはありませんでした。私の弟や父などは、毎日会社へ行き働いています。そして、そこでライフステージが進行し、日々変わっていくのですが、私は同じ場所に留まったまま、後退しているように思えていました。

⑿1つのきっかけから

あっという間に時間が流れ、生活が変わるタイミングがやって来ました。30歳の頃でした。

母がアルバイトをしていた小さな飲食店に誘われ、雑用と手伝いに行くことになりました。母がオーナーに「家にぼんやりしている息子がいるのだが、何かお店でさせてもらえないだろうか」と伝えたらしいのです。オーナーは、「何か手伝ってもらえるのならどうぞ」ということで話がまとまっていきました。

私はどこから、どのように社会に戻ることができるのかとぼんやり考え、立ち止まっていながらも求めていました。それもかなわないままでしたから、この提案に乗ってみました。そういう家族からのヘルプ、きっかけを与えてもらうことがなければ、動けなかったということです。公的、民間を問わず何らかの「支援」にずっと出会わなかったのです。親からもらった機会は、ひきこもる生活を始めてからいくつか単発で受けたような気もしますが、数年たって初めて受け入れたものでした。

自分からきっかけをつくり出せず、親とのコミュニケーションも取れていませんでしたし、他人からの支援ならなおさら難しい状況でした。出て行くきっかけに飢えていて、何かを始めたいと頭では思っていましたが、具体的に行動もできず、周りに前向きに助けてもらえる関わりのある人もいませんでした。

コミュニケーションの難しさによる、スパイラルとでも言うような状況で孤立してしまうと、ひきこもりが長引いてしまうのだろうと思いました。その飲食店も数年程度で辞めることになりましたが、自分にとっては貴重な期間でした。現在は、不定期でフルタイムでの出勤ではありませんが、アルバイトで外へ働きに出ています。働いていない時間も外へ出ることが多くなりました。外に出て、どこかの誰かと時間を共有するのは、以前なら考えられなかったことです。会う人ができた、家の外に居場所ができた、という感じです。

以前なら家から出ることはあっても、特に誰と会うこともなく、話すこともなく家に戻っていました。少し働いているくらいで、社会的には本当になんてことのないことでも、まったく社会と何のつながりもない時期と比較すると、少しは進歩したのかと思えたりします。そういう現状を、これから先もどんどん変化していく通過点ではあるのだろうと思っています。行ったり来たり、曲がりくねった道の途中です。

何かが始まるきっかけを得る、自分から積極的に関わるということについて、意識をもてなかった大学時代と比較すると、多少は意識的にものごとを始められるようになってきたと感じてもいます。しかし、他人の目線から見ればきっと、自分のなかの変なこだわりやなかなか克服できない恐怖感、不安感のようなさまざまな問題を抱えているという点では、なんら変わっていない、成長できていないところもあります。買い物をすることに苦手意識があり、電車や自転車などには乗れますが、車やバイクの運転は、不安がすごく大きくてできません（免許は何とか取得）。

新しく未知なものに対する不安感、無力感をものすごく強く感じます。ごく普通の生活技術や金銭管理など、自立して社会に出て行くことに必要なライフスキルもなかなか身につかず、プレッシャーを感じています。社会常識が抜け落ちているのだろうと思います。心理的なそういう壁を乗り越えることをたいへん難しく感じますできる限り避けたい、逃げたいというような事柄がすごく多いのです。現実世界で、ごく普通に、社会的にストレスなく、居心地よく生きていける日は来るのだろうかと思っています。

02

はじまりは小2の春の突然の出来事

中原美江（保護者）

(1)「学校で大変でしょう？　お薬を処方しましょうか」

息子のひろしが小学2年生の始業式の日、通っていた学童保育から「熱がある」と連絡を受け、かかりつけの小児科に連れて行きました。診察の直前、何かおかしな様子にアッと思った瞬間、ひろしはふるえ始め、けいれんが起きました。すぐに治まりましたが、救急車で大きな病院に運ばれ入院しました。脳波の検査も受けましたが特に問題はなく、退院時に「2週間後に受診を」とのことでした。

その2週間後の受診日、いつもの小児科とは違う大きな診察室がめずらしかったのか、ひろしはあちらこちらと近づいて、キョロキョロ観察していました。その様子をじっと見ていた先生に言われました。

「学校で大変でしょう？　お薬を処方しましょうか」

私は、何のことかわかりませんでした。

「発達障害をご存じありませんか？　ＡＤＨＤ注意欠陥多動性と言われる障害です。授業とか、いろいろ大変でしょう？」

「学校では特に何も言われていません。1年の担任の先生には『このますーっと伸びていってほしいですね』と言われました」

「そうですか。お薬を飲んでいる子は多いですよ、お薬出しましょうか?」

「いまはいいです」

診察室を後にしても、いまの話はどういうことなのかと、私の頭のなかはぐるぐる回っていました。何かにすがる思いでかかりつけの小児科に連絡し、先生に話を聞いてもらうことができました。

「発達障害のことは何とも言えないけど、僕はそのことより、7歳を過ぎているのに高熱でけいれんが起こったことの方が気になる。発達障害のことも含めてきちんと診てもらった方がいい」

先生には大学病院小児科の受診をすすめられました。帰宅した夫に伝えると、びっくりしていました。

「まだわからんし、まずは検査やな。何もかもそれからやな」

互いに頷き合いました。長い長い1日でした。そしてこれが、すべての始まりでした。

(2)モジモジ、ソワソワもADHD!?

4月末、ひろしと2人で紹介された大学病院に行きました。経過を説明し、先生に気になることを尋ねてみました。

「発達障害、ADHDと言われたのですが、どうなのでしょうか?」

「ひと目見てそう思いますよ」

「授業中、じっとしていられないとか、ウロウロしたりしてないです。乳児健診でも保育園でも就学前健診でも学校でも、何も言われたことないですし……」

「お母さん、ADHDは飛んだりはねたりすると思われがちですが、それだけではないですよ。じっと座っていても、モジモジしたりソワソワしたりといろいろです。次回にゆっくり検査しましょう」

私は、ドーンと何かに押しつぶされそうな思いでした。先生の指摘がぴったりだったのです。ひろしはよくモジモジ、ソワソワしていて、その度に「トイレ行きたいの?」「ちがう」というやりとりがありました。ADHDの子は「あまりじっとしていられない」という程度の知識だった私は、打ちのめされました。

(3)息子の生い立ち

私たち夫婦は共働きなので、ひろしは生後4か月過ぎから保育園に通いました。0歳のときは毎月と言っていいほど病院通いで、よく熱も出しました。

2歳のときに保育園で昼寝中に高熱を出し、初めてけいれんを起こして入院しました。その後も5回、高熱でけいれんを起こしましたが、いずれも脳波検査で異常はなく、熱性けいれんと診断されました。普段はよく食べ、よく寝て、よく遊び、人見知りだけど元気でやんちゃな保育園児でした。

家から遠い保育園だったので小学校は知り合いがなく心配もしましたが、入学後はすぐに友達もできて、放課後は元気に学童保育に通いました。

しかし、毎朝「学校までいっしょに行って」と言います。担任の先生に相談すると、「そういう子もわりといますよ」とのこと。それで、学校の近くで友達を見つけるまでついて行くようにしました。1年生の間は休むことなく登校しました。

2年生になるとき、担任の先生の交代やクラス替えがあることに、「知らん人ばっかりやったらどうしよう」と心配していました。「何人かは一年と同じクラスの人がいるから」と言うと安心した様子でした。

いま思えば2年生の初日の高熱は、新しい担任は知っている先生だったこと、友達も同じクラスだったことがわかってほっとし、極度の緊張が解けたからだったように思えます。彼にとって初めての担任交代とクラス替えは、親が考える以上に重いものだったのでしょう。

⑷とまどいと決断

大学病院を受診した後、私のなかでは「障害」「欠陥」の言葉が渦巻いていました。発達障害やADHDに関する本をいろいろ読み、インターネットで情報を検索する日が続きました。

そこには「診断されて正直ほっとした。自分の子育てが悪いのではなかった」などの声がよく紹介されていました。「どうして診断されてよかった」のか、当時の私はまったく共感できませんでした。むしろ「○○しなかった私が悪い」と言われた方がいい。「こうすれば治る」と言われれば、たとえ非科学的なことにでもすがりたいという思いにもとらわれていました。そして、ひろしを見ては「元気に生んであげることができなかった」と思い詰めていました。

いろいろな気持ちが堂々めぐりします。ADHDは検査数値などで「ここからが障害」というものではありません。これまで何も指摘されていないのに、どうしてなのか。学校で問題になっていないのだから、私たちが「障害」と認めなければいいのではないか、とも思いました。

その反面、思い当たることもありました。人見知りが強く、初めての場所、初めてのこと、たくさんの人は苦手です。掃除機の音が怖く大声が嫌いなど耳は敏感で、こだわりもあります。ほかにもマイペース、時間の感覚があまりない……。

1歳児のときの生活発表会の朝、いきなり「いっぱいの人が見に来るのいやや」と言い出したことがありました。

「お父さんやお母さんが見に行ったらあかんの？」

「よその人、いっぱいはいや」

と言いながらも、その日は気をとり直してなんとか参加しました。

朝は早く起きているのに、ごはんも用意も本当にゆっくりマイペースで、いつも時間がギリギリでした。そうかと思えば、たまにさっとスムーズなときもあって、「ひろしはひろしの特別な時計（時間の進み方）をもっているのでは」と思ったこともありました。

私も夫も、これまで「見えない障害」によるひろしの生きづらさに気づかず、目が不自由な人に「これ読んで」と言うのと同じようなことをしてきたのではないか、と話し合いました。「違う」と思いたいけれども、そうは言い切れない……。

そして私たちは、現実を受け入れ、ひろしのためにできることをしようと決めました。脳波の検査や発達検査などを受け、その結果やこれからのことなどについて、夫とともに大学病院で説明を受けました。

⑸環境を整えて——学校・学童との関わり

大学病院での診断を担任の先生に伝えると、とても驚かれました。小学校には「ことばの教室」があり、発達障害に詳しい先生にもいっしょに対応してもらえることになりました。学童保育にも報告し、対応をお願いしました。先生から「聞かせてもらえてよかったです」と、いろいろアドバイスももらえました。

2年生のスタートからの入院やその後の受診での早退や遅刻などで、ひろしは「学校はちょっと遅れて行っても大丈夫」と思ったのか、毎朝のマイペースに拍車がかかりました。そのため、10分遅れの日もあれば1

時間目の終わり頃にもなるような登校になっていき、教室まで送っていました。

あまり「早く早く」と急がせるのもひろしにとってはしんどいことだし、彼のペースに合わせてつき合っていくことも必要かと、夫とも話し合いました。私は職場に相談して勤務条件をゆるやかにしてもらい、朝はひろしのペースに合わせる生活にしました。職場のみなさんの配慮に感謝しています。

そんな頃、ある新聞記事が目に止まりました。大阪発達支援センターぽぽろ発行のパンフレット「困っている子の声を聞いて――LD・AD／HD・広汎性発達障害などの気になる子どもたちの理解と発達支援」と、青木道忠先生のことが紹介されていました。さっそく知り合いの先生を通じて依頼し、青木先生に相談できる機会に恵まれました。

初対面の私のとりとめのない話にじっくり耳を傾けられていた青木先生から、「ありのままのひろしくんを受け止めていくことが大切」とアドバイスされました。そして「ひろしくんにも会いましょう」と、青木先生のカウンセリングがスタートしました。現在まで本当にお世話になっています。

青木先生には発達検査をしてもらい、いろいろなアドバイスも受けました。親子３人でお話を聞いたり、小学校に同行してもらったりもしました。

こうして、気持ちは揺れながらも、障害を受け止め、ひろしに寄り添っていく生活のリズムができてきました。学校とは毎年、進級の前に懇談も重ねました。ゆっくり登校、たまには休んだり、私の職場について来たりと、ひろしはマイペースながら、元気に４年生になりました。

⑹思いがけない別れ

その年の５月の終わり、仕事が忙しくて連日帰りが遅かった夫が少し早く帰宅しました。「宿題で起きてよかった、お父さんに会えた」というひろしと夕食を食べながら、夫はひろしの漢字の宿題につき合っていました。久しぶりに父子で入浴していっしょに就寝しました。

翌朝、夫はひろしが寝ている間に出かけ、「おはよう」も「おやすみ」もいつものように彼に電話をしてきていました。ところが、帰宅した夫は就寝後、間もなく心臓性の突然死で帰らぬ人となりました。思えば前日が、ひろしにとって父との最後のひとときでした。

またしてもの突然の出来事。混乱する日々が続いた私は、たくさんの人たちに支えられました。とても感謝しています。ひろしもそのなかの1人で、体調を崩す私に寄りそってくれました。もちろん、ひろしにとっても計り知れない悲しみだったことは言うまでもありません。それでもひろしは、マイペースながらも登校していました。

6年生の始業式の日も、教室まで送って行きました。教室に入るかどうか迷っているひろしに、通りかかった教頭先生が声をかけました。突然で驚いたひろしが教室に背をむけると、止める担任の先生にかまわず、教頭先生が彼を追いかけ、ひろしはそのまま帰宅してしまいました。「しばらく学校行かへん」と宣言。その後は遠足や修学旅行などの特別の日以外、卒業式の前日まで登校しませんでした。

しかし、学校には行かなければと思うひろしは毎朝、準備をして葛藤していました。「お休みしたら」というと怒りだしたり、学校のまわりを何度もまわって帰るなど、休むと決めるのも大変でした。学校は休んでも学童保育の行事などには参加し、異年齢の友達もできていまも交流しています。6年生の担任の先生（2年生と同じ先生）は、私と中学校との懇談に同行され、申し送りもされました。ひろしはドキドキしながらも、小学校の卒業式に参加し、友達や先生と写真を撮ったりしていました。

中学校の入学式にも参加し、1学期は遅れて行ったり2~3日行っては休んだりしながらも、登校しました。夏休みの宿題もがんばって仕上げ、2学期も初めは登校。しかし、やはりがんばり過ぎたのか9月末頃からは休みが続きました。2年生も登校したのは最初の少しだけで、3年生はテストを別室で受けた以外は休み、参加したのは卒業式だけでした。

小学生の頃は私の職場について来ましたが、中学生になると留守番をするようになりました。時間があれば映画をみたり、夜の公園ウォーキングなどひろしのしたいことをいっしょに楽しみました。ひろしを大切に思っていることも言葉にして伝えるようにしました。

(7) 2つの出会い——友達とゆうこ先生

少し登校していた中学1年生のときに友達ができ、2年生ではその友達の友達とも仲よくなりました。週末はお互いの家でゲームをしたり、夏休みには映画に行ったり宿題をしたりと、その子たちと楽しく過ごしていました。この子たちに誘われてスキーの修学旅行にも参加しました。

6年生からほとんど授業を受けていませんが、「勉強はわかりたい」というひろしは、ときどき青木先生から算数やローマ字などを学んできました。そのひろしの願いに応え、中学入学のときに青木先生からピアサポーターとして紹介されたのが、ゆうこ先生でした。

ゆうこ先生も不登校の経験者でした。ひろしの気持ちを理解し、話もよく聞いてもらえました。そして、定期的にひろしのしたい学習をすることになりました。ゆうこ先生の日を楽しみにし、高校3年までお世話になりました。

この時期には、ひろしにとって大きな出来事がありました。6年生の11月、青木先生の援助でひろしに発達障害（広汎性発達障害・アスペルガー）のカミングアウトをしました。

小学2年生のときのＡＤＨＤの診断後、大学病院でも「不注意優勢でＡＤＨＤというよりは対人関係が難しいかな」と言われ、青木先生からも自閉症スペクトラムの説明を聞いていました。

ひろしは初め、青木先生の話にきょとんとしていましたが、受け止めているようでした。

「学校を休んでいるのは、ひろしさんが自分で自分を守っているのかもしれないよ。無理して行ってたら、病気になってたかもしれないし……。休んでいること悪く思わなくていいよ」

青木先生に言われて、ひろしも吹っ切れたように思います。それを経た中学時代の友達とゆうこ先生との出会いは、この時期のひろしの心の支えでした。

⑻高校には行きたい

中学3年生になり、ひろしは「高校には行きたい、でも毎日行くのはしんどいかな」と悩んでいました。青木先生から単位制の学校をすすめられ、7校を見学。最後まで迷った末に、自分で秋桜高校を選びました。入試や面接にドキドキのひろしでしたが、無事に合格できました。高校でも入学前に先生と懇談。しばらく学校に行けていなかったので心配でしたが、秋桜高校は多様な生徒を受け入れていて、何よりアットホームで先生がフレンドリー。これまでのひろしの「学校」のイメージを大きく変える高校でした。

初の電車通学で家から1時間ほどかかり、当初は寝てしまって乗り過ごすハプニングもありましたが、ちょっと疲れたからと帰ったり、「まあいいか」と折り合いをつけて行動できるようになりました。昼食はいつも職員室で食べ、先生とゲームやいろんな話をしていました。中学時代には考えられなかったことです。スクーリング以外に遠足、キャンプやスノーボード講習など行事にも参加しました。誕生日には先生たちがハッピーバースデイをみんなで歌うこの高校に出会えて、本当によかったです。

小学生の頃はわりと成績がよかったひろしにとって、何度か受けた中学の中間・期末テストはたいへんでした。

答えはわかるのに解答は苦手な漢字で書けなかったり、別紙の答案用紙の解答欄を間違えるなどのケアレスミスもあり、思うような点数は取れませんでした。落ち込むので励ますと「余計に傷つく」と怒りだし、彼のプライドはズタズタでした。しかし秋桜高校では、教科の担当以外に複数の先生が授業に入るなどフォローもあり、ゆうこ先生との時間と合わせて、「わかる」喜びも実感し、ひろしは自信を取り戻していったと思います。

そんななか、もともと進学希望でもありいろいろ考えて、好きな歴史を学べる大阪大谷大学を受験してみたいと青木先生に伝えました。すると青木先生から、発達障害のことを相談できる大学の先生を紹介され、「ぜひ、オープンキャンパスに来て自分で確かめて」とアドバイスを受けました。オープンキャンパスに参加したひろしは、この大学を受けることにしました。

AO入試*です。提出書類の書き方や面接練習など、担任の先生をはじめたくさんの先生のお世話になりました。課題の小論文もなんとか提出。「面接失敗、もうあかん」のひろしの予想を覆して合格しました。先生たちに大喜びしてもらい、うれしそうなひろしでした。アドバイスを受けた大学の先生に合格した旨を報告すると、学部の先生を紹介されました。入学前にひろしと2人で大学にでかけ、大学生活の説明を受けました。障害学生支援室の先生にも応対してもらいました。

⑼大学生のいま

大学は必修科目や1時間目からの授業も多いので心配でしたが、体調を崩して休んだ1日以外は出席し、何とか単位も取りました。新しい友達もできてクラブにも入り、中学時代の友人と1日限りのアルバイトをするなど、楽しそうなひろしはいま2回生です。家では、いつもの場所で本を読んだり、好きなアニメやゲームを楽しみ、ぼーっとしたり、ごろごろとしています。私が声をかけると、「ゆったりくつろいでるのに」と言います。この時間が彼にとってはとても大切なのです。

中学の頃は友達が来るとき以外は昼夜逆転で、ずっとこの〝くつろぎ時間〟ばかりでどうなることかと思いました。起きようとしても起きられず、学校にいけない自分にいらいらして壁や物にあたり、ダメ人間と自分を追い詰めていました。ムダ使いし過ぎで私がつい「お金の使い方ヘンやね」と言ったときには、「アスペルガーやからヘンと思ってるやろ」と涙をぽろぽろこぼしていました。

そんな時期があって、いまのひろしがあるのだと思います。いまは短くてもこの〝くつろぎ時間〟で、ひろしなりにバランスを取っているのです。当時は、そんな彼の姿に私も何度もつぶれそうになりながらも、「しんどい思いをしているのはひろし」と向き合えたのは、支えられてきたたくさんの仲間や出会いがあり、親同士のおしゃべりで勇気ももらえたからで、つながることの大切さを実感しています。

高校卒業で大学病院の小児科から他院に移りましたが、いまも専門の先生に定期的に診てもらっています。

⑽これからのこと

いまはひろしにとって楽しい大学生活ですが、これから卒業（できるかどうか）、就職（できるかどうか）、就職できても続くかどうかわかりません。これまでにない壁にぶつかることもあるでしょう。どんなときもひろしはひろし、ありのままでいい。ひろしが決めた道を彼らしく歩んでいってほしい。私はそんなひろしを応援し、見守っていけたらと思っています。

＊AO入試＝学力試験を課さず、高等学校における成績や小論文、面接などで人物を評価し、入学の可否を判断する選抜制度。（フリー百科事典「ウィキペディア」より）

しかし、いつまでも見守ることはできません。親亡き後の心配と不安は、障害を告げられたあの日からずっとずっと、心の奥にあります。いつまでも見守れないなら、私に何ができるでしょうか。いま障害者雇用の水増しが問題になり、省庁や地方自治体に裁判所など公の機関のいたるところで発覚しています。この問題がこの国の障害者へのありようを表しているのではないかと思います。

欧米では発達障害への理解も、その子に合った発達のプログラムや社会参加も進んでいるといいます。なぜこの国ではできないのか、人の意識もあると思いますが、それもふくめて政治のあり方の問題ではないでしょうか。憲法が保障する誰もが人間らしく生きる権利が守られていない、法律に障害者やその家族の声が生かされていないのです。効率を追い求め、寛容でなく、競争ばかりの社会ではひろしは安心して暮らせません。ひろしが安心できる社会はみんなが安心できる社会です。憲法を生かし平和で誰もが自分らしく生きられる社会へと変えていかなければと感じています。

政治や社会を変えるというと、大げさと思われるかもしれませんが、私たちの暮らしは、社会や政治と結びついています、子どもの医療費助成も保育所づくりも障害児の就学も、すべて求める人たちの長い運動があったからこそ実現してきたのです。さらに充実を求めて声をあげていくことが大切だと思っています。どうしても親の思いはつきませんが、障害があってもなくても、誰もが幸せになれる社会めざして前へ前へ、みんなで力を合わせていきたいです。

03

本人・親、一人ひとりの声から問う

近藤真理子（元広域通信制高校　サポート校教員）

(1)少しの配慮さえあれば大丈夫なのに——（小学3年生男子／母親に聞く）

●診断が下りるまでの大変さ……

息子は、2歳の段階でおむつが外れる気配もなく、言葉が出るのは遅かったです。保育園では滑り台が怖くて遊べず、階段昇降も難しかったです。全体的に発達の遅れがあるような気がしていて、もしかしたら障害もあるのかもと思いつつ、認めたくない気持ちもありました。

保育園の先生に「相談機関を紹介しましょうか」と言われたときは、「疑われてる?」と嫌な気持ちになりました。実は、園に行っても泣いてばかりで園舎に入るのを嫌がるし、何かあるとはうすうす思っていました。全体のサポートのはずの補助の先生が、ほとんど息子の専属になっていました。ショッピングセンターでのおむつ替えのとき、靴を新調したとき、新しいお店に行ったとき、息子は泣きわめいて暴れていました。

やさしい夫が一度手を挙げてしまい、もうダメだと思ってクリニックに行き、「広汎性発達障害」と診断されました。3歳のときです。私が悪かったのではない、ということがはっきりしました。

ペアレントトレーニングとの出会い

診断名がついてから、とにかくインターネットで調べました。見通しがないこと、予定などが変更されること、新しい場所や出来事は不安で泣くことがわかったので、まずは絵カードを取り入れました。見通しがわかることで安心できるのでは、と考えたのです。

そしてペアレントトレーニング*に出会いました。そこでの学びのなかで「悪い子どもじゃない。対応次第でいくらでも変わるよ」「お母さんが育児のスペシャリストだよ。ずっと子どもに向き合っているのだから、自分に自信をもって」という言葉に励まされました。そこの講師の先生の門下生が運営している団体に地元で出会い、現在はその団体で活動をしています。

勇気はもらっても現実には、3歳になってもおむつは外れないし、言葉は出にくく、課題もたくさんありました。いろいろな人に「そのうち（おむつが）取れるよ～」と励まされても、うちはそんなことはない……、と希望をもつことはできませんでした。

新しい保育園とタイムタイマー

当時通っていた保育園は2歳で卒園だったため、3歳以降に利用ができる保育園を探しました。幼稚園ではおむつが取れていないからと受け入れてもらえませんでした。公立はいっぱいで、近所の民間園に入りました。

保育園には、「見通しがない場面ではパニックになるので、絵カードやタイムタイマー*を使ってほしい」と要望しましたが、うまく伝わりませんでした。巡回の家庭児童相談員の先生に、「この程度の遅れのある子どもはほかにもいるから、自分がきちんと育児ができていないことを棚に上げて、『発達障害』という名前をつけたい、支援をしてほしいだけではないか」と言われたこともありました。

でも、ほかにも困っている子がいるはず、きっとタイムタイマーが役立つ！と考え、保育園に伝えた上で息子にもって行かせました。すると5歳児クラスの終わりの頃に、ほかの子から「もって来てくれてありがとう」「あと何分かわかるから便利」と感謝されました。見通しが必要だと実感する場はたくさんありました。

先輩ママたちの励ましで習慣も変えられた

困ったとき、先輩ママにはたくさんの言葉をもらいました。

おむつが取れたのは5歳になってからでした。先輩ママに励まされても「遅すぎる」といつも思っていましたが、いまは同じような不安をもつママに「大丈夫」と言えます。

おむつが取れても、トイレでおしっこができませんでした。原因は体の機能の発達の遅れではなく、トイレの閉塞感、圧迫感、暗い感じ、大きな便座の恐怖感で、そこで用を足すことは難しかったのです。保育園に伝えても理解してもらえませんでした。

家でもトイレは利用せず、いつも風呂場でおしっこをしていました。ある日風呂場で用を足しているときに、さっと男児用のおまるを出して、「ほらおまるでできたね」と声をかけました。これで解決。あっけないことでした。

＊ペアレントトレーニング＝元はアメリカで研究、実践されてきた保護者の子どもへの関わり方の実践方法の1つ。やり方を教わり、保護者同志で振り返り検証しながら、それぞれで改良していく。この検証の時間で、それぞれの悩みを共有、共感できることが励みになっている保護者も多い。

＊タイムタイマー：支援グッズの1つ。作業が終わるまでの時間が色表示されて「あと何分」とわかる。

夫と買い物に行くといつもフィギュアつきのお菓子を買う悪習慣を絶ちたいと思っていました。夫がいなくても、そのお菓子を買わなければ、息子はパニックになります。

先輩ママから「お母さんが困ってるんだったら、ちゃんと伝えようよ。そのままでいいの？　本気で向きあおう！」と励まされました。買い物に行く前に「今日は買わないからね」と説明をして出発。案の定おもちゃの前で「買ってほしい」と泣きます。買い物もせず、息子を抱えて車へ乗せて帰ります。食べるものがない「夕食」が数回続いて、言わなくなりました。

食事のときにおもちゃを傍らに置かないと食べられないことにも、同様に迎合せずに向き合いました。こうして1つずつ越えてきました。

小学校へ

小学校は地元の公立小学校を選びました。先生に事情を話して5歳児のときから数回、息子を連れて小学校に足を運びました。教室、体育館、授業の様子など、夏休み中だけでなく普段の生活も見せてもらい、場になじんでいきました。

入学式も前の日に会場に案内され、進行についての説明を受けました。体育館の座る席、教室で座る席、誰が同じクラスになるのかなど全部教えてもらったので、入学式当日はパニックになることもなく安心して参加ができました。

夏休みまでは、通常学級で授業を受けました。その後、息子が「算数の時間に鉛筆を走らせる音が気になって、集中できない」と訴えました。「静かに勉強できるところに行ってみる？」と聞くと「行く」と答えました。それを受けて支援学級に入級しました。

現在は、文字の認知が少し弱いかもしれないと、書写と算数の授業を支援学級で受けています。算数は

「静かだからはかどる」と言っています。テストも高得点を取っています。

支援学級が実際に静かなクラスなのかと尋ねると、「そんなことはない」と答えます。音には敏感ですが、自分にとって嫌いな音があり、そこから逃れることができているのだろう、気にならない音もあるのだろうと思っています。

生き物が好きで、T-Rex（恐竜のティラノサウルス・レックス）や植物、昆虫について詳しい知識があります。理科の授業は、先生から「生き物のことは○○君に聞こう！　得意なことがあっていいなあ」と言われ、普通学級で過ごしています。

少しだけ配慮してもらえれば大丈夫なのです。

(2) 人形製作が大好き。人形劇団に入りたい――（中学1年生男子／母親と本人に聞く）

実は「あれっ？」と思っていた

息子は1歳8か月のとき、箸を使って食事ができました。言葉が出たのは早く、ハサミを上手に使うのも早かったのです。フードコートで息子が箸でうどんを食べていると、隣の席のおばあちゃんが「うちの子は箸ももてない……」と2歳の孫を心配していました。そのとき、やっぱり早すぎる、何かあるかも……、と思いました。

幼稚園へ

幼稚園は比較的規模が大きく、クラスによって日々の保育内容や方法に違いがあり、小学校受験対策の取り組みをするクラスがあるなど、子どもの興味やお母さんの教育方針にある程度沿ったクラスを選ぶことができました。所属したクラスでは、ひたすら好きなことをさせてもらっていました。自由な保育を受けることのできる園で、充実した幼稚園での生活を送ることができました。

保育室には製作ができるよう廃材もたくさん置いてあり、好きなものをつくって先生にほめてもらい、週末に息子だけ作品を袋いっぱいに抱えて帰りました。できあがった作品を週末に別の習い事の場で披露してみんなに喜んでもらう、そんな1週間でした。

小学校へ

小学校では、とにかく計算ができませんでした。足し算、かけ算は、しようと思えばまだできます。しかし引き算は「なくなるなんて悲しくてできない」と言うのです。引き算の文章題で「どうして引かないといけないのですか?」と質問して驚かれました。方法の習得よりも、少なくなることがいやだったのです。でもそれは、逃げ口上としてしか伝わりませんでした。

低学年のとき先生から「とにかく家庭で計算練習をさせてください」と言われ、「100ます計算」などに取り組ませましたが、劇的な変化はしませんでした。それがトラウマで「いまも計算が苦手だ」と本人は言います。かけ算は何とかできるようになりましたが、5の段が苦手です。できない理由についてこんなことを言います。

「5×6を越えると時計の左半分になる。そこの部分は暗いところで入っていきたくない」

国語も書くことなど苦手なことが多く、漢字の部首のバランスが悪かったり、横や縦の線が多くなることもしばしばです。単語にひらがなとカタカナが混じることもあります。文章題も、どれがタイトルでどこからが本文や設問なのか、わからないことがあるようです。支援の先生には、問題文と設問がわかるように、マーカーで色分けをしてもらっていました。

クラスでは、人の気配やざわざわ、椅子脚の床を擦れる音、蛍光灯の光、黒板の周りの掲示物など、苦手なものが多くしんどかったようです。担任の先生は、椅子の脚にテニスボールを取り付け、音をなくし、蛍光灯を変え、座席を前にする、黒板の周りの掲示物は外すなど、環境を整えてくれました。

好きなことこれからのこと（本人の話）

小さいときから人形の製作が大好きです。幼稚園のときにつくった人形は平面のもので、ペープサートのようなものや小さいものでした。

いまの作品は立体で、首が回ったり足が動いたりします。中に人が入れるくらい大きなゆるキャラや、大人数での操作が必要な竜など、複雑なものもつくれるようになりました。イメージでつくるので、思っていたより大きくなったり小さくなったりしますが、とにかくつくっています。できた作品に合わせて、親子の設定にしたり兄弟になったりと、キャラクターは人形が教えてくれます。

顔を描くのは苦手なのでかわいい人形にはならないけれど、大きなものから小さなものまで、必要な材料を考えイメージしてつくることは得意です。

お年玉は、100均（100円均一ショップ）で製作にまつわるものを購入するのに使います。店のスタッフと仲よくなって、売れ残りの「商品」をもらえることもありました。

友達と人形劇団をつくって、台詞もつけて操っています。台本は書かず、みんなで即興のストーリーをつくり、必要なときは友達が記録をします。

人形劇がとにかく大好きで、年に数回観劇に行きます。文楽も好きです。話の内容よりも、人形の操作や黒子の動きなど、人形にまつわることばかりが気になります。

5年生のとき、通常学級にずっといるのはしんどい、心安らぐ場所がほしいなと思い、支援学級への入級を希望しました。粗暴な男子は苦手です。そのことで「女みたいだ」と嫌がらせを受けたこともありました。粗暴な行為が苦手なだけで、男子が嫌いというわけではないのです。穏やかに遊べる友達をつくりたいと思っています。平和であることを望んでいます。

中学校では「サボっているだけではないか？　親の過保護ではないか？　通常学級で努力をしないと高校には行けない」と言われることがストレスで、学校に行きたくない日も少なくありません。だから早く卒業したいと思っています。いまは、感情で行くかどうかを決めるのではなく、とにかく通い続けようとがんばっています。

高校を卒業したら、人形劇団に入りたいです。劇団の近所にアパートも見つけました。劇団に入る前に誰かに弟子入りして、人形の製作そのものについて教わるべきか、それとも大学に行っていろいろ専門的に学んだ方がいいのか、その前に高校で、芸について学べる学校に進学するのも楽しいか……。そう思うと、これからは楽しみです。

(3)とにかく参加できる方法をいろいろ考えて――（高校2年生男子／母親に聞く）

そのこだわりはわがまま？

乳児期は特に問題はなく、むしろ育てやすい子でした。よく寝ましたし、公園に行っても子どもがあまりいない時間帯で、トラブルもありませんでした。

3歳のとき、公立幼稚園のプレ教室に通っていました。集団に入れず、遊戯室にも入れませんでした。当初は人見知りかと思っていました。いまとなっては、感覚過敏によるものだったのかもと思います。

幼稚園に入園すると、不器用さもありましたが、みんなと同じことがなかなかできませんでした。「あれをしなさい」「これをしなさい」と言われること、見通しがないこと、急な予定変更に、本人は困っていました。一人ひとりの持ち物を認識するためのシールが、ほしかった電車のシールではなかったなど、些細なことでよく怒っていました。

どこに座るのかはっきりさせてほしいという思いを聞き取って、先生がテープを貼って「ここね」と指示をすると、すっと移動ができました。

発達障害かもと思った日のこと

ある日、テレビで発達障害の特集をみていて、祖母に指摘されました。思い当たるところがあり、園の先生に「うちの子はどうですか?」と聞いてみました。

先生は、疑ってはいたけれども、どう切り出したらいいのかわからず困っていたそうです。そのときから共有ができるようになりました。先生をいろいろ困らせていたようですが、先生の指導力不足ということではなくて、よくみてもらっているという実感はありました。情報を共有しながら、「これはどうかな?」「こうしたらどうかな?」と、試行錯誤しながら関わってもらっていました。

小学校時代に診断がつく

入学前に支援学級を見に行き、絵指示などの様子を見て、支援学級に行くことを本人が決めました。ここに来たらこんな感じなのだ、と見通しがついたことで安心したのかもしれません。

1年生の冬に検査を受けて「広汎性発達障害」と診断されました。当時、検査を受ける意味について、支援学級の先生から次のようなアドバイスと説明を受けました。

・手帳が交付される。

・必ずしも薬を飲むということではない。

・思春期になって困ってから説得して検査に行くことを思えば、早い段階で学校とは別に相談できる先生がいることが大事。
・病気でなくてもときどき行く場所があって、帰りにご褒美でファーストフードなどに寄ったりする習慣があるのがよい。

親の会との出会い

息子が小学校中学年の頃、ＬＤ学会、親の会を通じていまの活動をともにしている団体を運営する仲間に出会いました。彼女とは月に1回の親の会にいっしょに参加をしていて、子ども同士で遊んだり、社会性を身につけたりする活動をしたいと、発達障害等の当事者とその保護者の会を立ち上げました。

団体の立ち上げの目的は、体育館を借りたり、子ども同士でクッキングをしたりする際の名義がほしいというものでしたが、子ども同士の友達もできました。学びのなかでＳＳＴ（ソーシャルスキルトレーニング）なども知り、いままでの子どもへの関わりに活かされています。

団体には現在、１６０を超える家族が会員として在籍しています。

中学校に進学して

息子は、中学校でも支援学級に入級しました。指示がわかると、問題が解けないわけではありません。数学は苦手ではないし、少し手助けが必要なだけです。

雨上がりの土の柔らかい感覚が苦手で、体育の参加はさまざまな工夫が必要でした。彼は、参加したくないのではないのです。したくないことを強いる体育の先生の空気感は苦手でしたが、参加の方法を親子で考え、先生と相談しました。

地面が柔らかいときの運動場での体育の授業は苦痛でも、体育館やアスファルトの上でなら力を発揮できます。運動場での跳び箱はダメですが、体育館でなら8段を飛べるのです。短距離走はアスファルトの上で走りました。組体操で手や足が地面に直接触れるのは苦手なので、靴下を着用し横から支えました。騎馬戦も、みんなと触れ合うことは苦手なので太鼓を叩く役割で参加をしました。

詰襟の制服着用も難題でした。皮膚に当たる感じがダメなのです。中学3年生になったとき、1年後の卒業式でどうするかという課題に直面しました。本人は、詰襟の制服を着て卒業式に出たいとのことでした。そこで、感触ができるだけ気にならなくなるよう原始反射の統合セッションを受け、卒業式には、詰襟を緩めにした制服を着て出席しました。

高校生になる

現在、私立の全日制高校の2年生です。公立高校は落ちました。親としては心配しましたが、がんばって勉強した結果は一つの経験で、納得して高校生活を楽しんでいます。学校選択の決め手はトイレがきれいだったことでした。

大学に進んで船の設計をしたい、と本人は望んでいます。志望校もはっきり決まっていて、勉強をしないといけないと思っています。

数学は得意ですが、国語はダメ。漢字をコツコツ書いて覚えるのが難しく、見て記憶にとどめるやり方のほうが得意です。センター試験に向かっていまはがんばり時です。

苦手なこと

触覚や嗅覚、聴覚などの感覚が過敏です。トイレの旧式のハンドドライヤーの低い音が苦手です。新式のものは音が違うそうで、こちらの音ならば大丈夫。旧式のものがトイレに設置されていても使わずに済むように、ポケットには必ずハンカチが入っています。ほかの人が使うと音が鳴って嫌なので、先客がいるときは公衆トイレには入りません。

きれい好きで、食事の前には手をピカピカにします。できるだけ何かに触って汚さないようにと気を配っています。そんなに汚れるのが嫌なら、と「手ピカジェル」をわたすと、嬉々として使っていました。いまは、そこまでしなくても大丈夫になりました。

給食の匂いもダメで、給食当番はもっぱら机を拭く担当でした。小学校のクラスには「どうして、給食場に重い食缶を取りに行かないのか？」と嫌味を言う子もいました。その子が言いたかったことは、誰が食缶を取りに行くかではなく、その子にはその子がしてほしい配慮や声かけがあったように思うのです。一人ひとりに対する配慮がいるし、誰もが認めてほしいと思っているのではないでしょうか。

⑷ｉＰａｄで板書を写す、書くことが苦手なたけしくん——（大学生①／本人に聞く）

大学ではｉＰａｄで写真を撮って板書を写します。

高校1年までは、数学の途中式も頭のなかで全部考え、答案用紙には答えだけを書いていました。それでよく叱られました。とにかく書き取ることが難しいので、すべて頭のなかで論理を立てたり計算をしたりしてきました。小学校は大きな問題はありませんでしたが、何となく居心地よくありませんでした。

成績がよかったので、私立中学校を受験して入学しました。人気の中学校で、教室は生徒がいっぱいでした。そのざわざわした教室の音や雰囲気に、実は耐えられませんでした。中学校では、頭の中で解いて答えだけを書くので、先生に「答えを写しただろう」と信じてもらえず、嫌な気持ちにもなりました。

中高一貫校だったので、高校には進学できました。でも学習内容のレベルが上がり、中学までと同じような対応ができなくなりました。英語も書くことが多くなり、授業についていけなくなりました。内容よりも、書き取るペースやできないと思ってしまう気持ちの部分がネックでした。練習問題など、書いて提出するプリントが多くて提出に追いつきませんでした。そのため平常点がつかなくなっていきました。テストも書く時間が足りずに点数が取れず、進級が危うくなりました。

それで広域通信制高校と提携したサポート校に転校しました。サポート校での学習は週に数日の登校で、3時間程度学校にいたら下校をするように言われます。せっかくの高校生なのに、高度な学習の機会がないままに1日を終えてしまうので、親は心配をしていました。

大学では哲学を研究したいと決めていて、合格しました。黒板を写真に撮る姿はよくある光景で、あまり問題になっていないようです。そして趣味で、大好きなカメラでの撮影もしています。朝は、起きて薬を飲み、毎日するべき自分のルールがあり、出発までに時間がかかります。

(5)毎日大きな荷物をもって通学する博司くん——(大学生②/本人に聞く)

細かいことが気になる

家族は父、母と自分の3人です。

小さい頃から細かいことが気になって仕方がありませんでした。

小学校では、ホクロが気になってばかりでした。ブラインドから漏れてくる光もホクロが増える原因になるかもしれないと気になっていた時期がありました。蛍光灯の光が気になって、布団にずっと入っていた時期もありました。知覚に対して敏感な傾向がありました。

学習面では、漢字を覚えることは得意でしたが、読解や話を聞くことは苦手でした。黒板に書いてあることをただ覚えることはできますが、授業での解説が聞けていないので、自分がノートに書いたことを覚えるしかなく、勉強に時間がかかりました。

小学校の頃も小さなことが気になって、いま考えると、被害妄想のような思いもあったように思います。靴を踏まれただけで「いじめられている」と思って親に相談したり、相手と話し合いをしたりしていました。小学校のときからスクールカウンセラーの先生に話を聞いてもらっていて、聞いてもらうとすっきりはしていました。

中学3年生のときは、受験に向けて時間が足りず、勉強がなかなか終わらないのでしんどい思いをしました。気持ちがしんどいので、人間関係もなかなかつくれませんでした。

高校生になって、最初は勉強も簡単でしたが、だんだん難しくなり、勉強についていくのが難しくなりました。人間関係はずっとしんどかったのですが、家にいても、親にいろいろ言われるのが嫌で、不登校にならないようにがんばってきました。いまもボランティア活動に参加したりして、できるだけ家にはいないようにしています。

忘れるのが怖いから1週間分をもって

心理学を学べる大学を選んだのは、一人っ子のせいか小さい頃からずっと人間関係がうまくつくれず困っていて、親にすすめられたからです。細かいことが気になり、余計なことを言ったり聞いたりして、友達との関係もうまくいかなかったからです。

学校には、毎日使うかもしれないし、忘れたら不安なので、1週間分のほとんどの教科書やノートをもって通っています。以前、図書館のコピー機にプリントを忘れ、それから忘れることが怖いのです。「学校に置いておいたら」とも言われますが、何があるかわからないので、毎日もって帰りたいのです。

ピアカウンセラーや心理学関係の資格を取得したいと思って、がんばっています。大学生になって、講義の話もずいぶん聞けるようになりました。

学生証のカードリーダーを読み取って出席を確認するのですが、読み込みを忘れてしまったらどうしようと思うと、とても不安です。ゼミは臨床系や、カウンセリングの実務的なゼミに入りたいのですが、希望ゼミの先生に以前「人間関係をつくることが上手ではないし、人の話を聞けないからダメだ」と言われました。自分としては、前よりできるようになっているから、入れたらいいなと思っています。あるいは、他のみんなが入る別のゼミのほうが、連絡や聞き漏れの点でも何かと助けてもらえるからいいのかな、と悩んでいるところです。

いま一番困っているのは、トイレが近いことです。すぐにトイレに行きたくなり、不安感がきつくなるとトイレに長時間こもってしまうので、家でも嫌がられています。トイレから出られずに、学校からの帰りが遅くなることもあります。

人と関わる仕事につきたい

これまで短期のアルバイトばかりしていたので、長期のアルバイトをしようと試みましたが、2か月の試用期間を終えたところで切られてしまいました。1週間のシフトを書いて出すだけで2時間くらいかかり、上司に「就労支援をしているのではない」と言われ、時間割は決まっていたので、講義終わりの時間から計算し、勤務可能時間を書けばよかったのですが、何があるかわからないので、何時から入れるのかを書くことが難しかったのです。

人間関係でつまずく理由は、授業の予定などわからないことを何回も聞くので、嫌がられるのだと思います。でも、何回も聞かないと不安なのです。高校までと比べたら、コミュニケーションはずいぶんうまくなってきたと思っています。

将来的には、人と関わる仕事をしていきたいと思っています。「向いていない」とは言われますが、人が変わっていく姿を見るのが好きなのです。

(6) 聞きとりを終えて——第１部のまとめ

小学生から成人まで、本人と保護者の声をまとめました。「あれ？」という不安や「解決方法があるのか」という思いを経て、さまざまな人や場所との出会いのなかで、親子ともに育ってきた様子を見て取ることができます。

「子どもの幼児期の行動の意味が分からず困った」
「いま振り返ると知覚や感覚の敏感さだったとわかった」
「いまなら、発達をしていくから、大丈夫だ」と思える。

こうした親子ともに「わからなさ」のなかにいるしんどさを聞くなかで、早期発見・早期療育が謳われる理由が見えてきます。

自分自身が変わってきたお母さんたち。学校や保育所とのやり取りは、その子だけではなく、クラス全体の子どもたちの居心地のよさの保障につながっていったのではないかと推察できます。

私は、学級で「うまく」やっていけない子の保護者から、次のような相談を受けます。

「わが子の〝できなさ〟を直せないのに、学校にしつけをしてほしいと押しつけることにならないでしょうか」

あくまでともに育てていく仲間としての作戦会議なのです。そのことが、ほかの子どもたちにとっても心地よい空間づくりになるのではないか——。そう思える言葉の数々が、第1部にはつまっていました。

「少しだけ配慮してもらえれば大丈夫なのです」という声が印象的でした。また、それでもわかってもらいにくい側面がたくさんあって、自分なりに工夫しているのに、「がんばりが足りない」とか「答えを写したのではないか」などと言われて傷つく、という声もありました。

私は現在、大学で講義を受け持っています。

講義で「隣の人と話し合って」と言うと、学生たちは「答えがないことには話し合う価値を見出せない」「はずかしい」などと「強がり」を言います。けれどもレポート課題などで確認すると、文章がほとんど書けておらず、コミュニケーションのとり方がかわからなかったのか、と気づくことがありました。

また、農学部の昼食持参の集中講義で1日中講義をした際、昼休みの講義室で、隣の人と交わることなく前を向いて食事をとる学生たちの姿に驚いたことがあります。「隣の人と向かい合って食べないの？」と問うと、「そこに何か意味がありますか？」と返ってきました。

学生たちは、「蝶の足の曲がり具合に関心がある」「甲虫類の背中の輝きに関心がある」とうれしそうに話をしてくれます。小学生の時はしんどい場面もあったけれども、好きなことをさせてもらえた。否定をされなかった。大学生になり、興味を持つポイントが似ている仲間がいて安心をした、と言うのです。

学校や社会で多様性を受け入れたいと思っていても、整えるべき課題はたくさんあります。書くのが苦手だから何かしらのツールを使えること、「もっとゆっくり話してください」「短い文章で説明をしてください」「録音してもいいですか」などのシンプルな要望が、誰にとっても学びやすい場をつくるように思います。

ここまで、家庭での思い、本人の思いを見てきました。第2部では、子どもたちを預かる保育所、小学校、中学校での実践の様子、義務教育年限以降の進路の実態、大学や就労の場での支援についての報告へと続きます。

第2部

発達障害の新しい見方

保育・学校・就労現場から

01

保育現場から
——要支援児の受け入れのなかで

村上真理子（佛教大学附属幼稚園）

(1)幼児教育の目標と現場

少子化、核家族化、共働き世帯の増加など、子どもたちを取り巻く状況が大きく変わっていくなかでも、幼稚園は教育機関として、日々の生活や遊びのなかで一人ひとりの子どもたちの「育ち」を保障していかなくてはなりません。

佛教大学附属幼稚園では、「仏教精神に基づく情操豊かな子ども」「健康で意欲的に活動する子ども」「身近な環境に関わり、創造する子ども」の育成を教育目標に掲げています。私たちはその教育目標を達成すべく、育自（自分の目標に向かって意欲的にのびのびと活動する子どもを育む）と共育（友達と考えを出し合い、目的に向かって取り組む子どもを育む）を保育の柱とし、日々の保育に取り組んでいます。

子どもたちはそうした保育目標にもとづいた環境のなかで、将来の生き方に関わる大切な事柄を学んでいます。なかでも子どもたちが自分から意欲をもって取り組む「主体性」、周りの人に思いを伝え、周りの人の気持ちに寄り添うことができる「コミュニケーション能力」、失敗しても大丈夫と「最後まであきらめないやり遂げる力」、自分のことを大切に思うことのできる「自己肯定感」などの基礎的能力を身につけることができるような保育を大切にしています。

しかし、これらは言って聞かせて身につくものではありません。毎日の生活のなかで、好奇心をもって自然と関わり、戸外で思い切り体を動かして遊び、さまざまな遊びを通して自己をしっかりと表現する経験の上に築かれていくものです。そして何よりも、周りの友達といっしょにケンカや仲直りをくり返しながらも、ともに取り組むなかで考えたり話し合ったりする経験が必要となります。

このことはもちろん、支援が必要な子どもにとっても同じです。自分の思いを表出しながら友達といっしょに活動することを喜びと感じられる、そんな幼児期を保障していかなくてはなりません。

しかし、幼稚園として特別な支援が必要な子どもの受け入れは、簡単にできるものではありません。受け入れができるかどうかを判断するにあたっては、次のようないくつかの大きな課題に直面することになります。

・1対1の支援の必要な子どもの場合、その人的環境を整えることができるかどうか。
・子どもの安全を常時確保することができるかどうか。
・入園後、保護者や各行政機関との連携・情報交換ができるかどうか。
・保育者が特別な支援を必要とする子どもについての理解と支援方法を学ぶ機会をもてるかどうか。
・集団教育のなかで確かにその子の育ちを保障することができるのかどうか。

これらのことをすべて整えることは、たやすいことではありません。しかし年々、特別な支援を必要とする子どもの幼稚園教育の需要は高まり、実際には入園後になって支援が必要となるケースも少なくありません。

ここでは発達に特徴のある1人の子どもの幼稚園での姿を取り上げ、どのように援助してきたのか、その関わりがどんな育ちにつながったのかを報告します。そして、幼稚園教育における支援の必要な子どもの育ちを少しでも多くの人に知っていただきたいと思います。また、統合教育の意味とその必要性、課題についての理解が多くの人に広がることを願っています。

⑵要支援児と向き合う

①受け入れ時の判断

たろうくんは、私たちの佛教大学附属幼稚に通っています。姉も通っていたため、保護者の入園希望はごく自然でした。しかし、親子登園などでたろうくんの様子を観察し、入園面接も行ったところ、随時加配の保育者が1対1で関わらなければ、安全で健やかな園生活を過ごすのは難しいと判断しました。

そこで保護者と話し合い、たろうくんへの特別な支援の必要性を共通理解した上で、4月から3年保育で受け入れることにしました。同時に、たろうくんとどのように関わることが育ちに結びつくのか、具体的な手立てを講じることが必要と判断しました。そこで、発達検査を受けた後に、たろうくんの発達の状況に応じた療育機関に、幼稚園と並行して通うことをお願いしました。

たろうくんは両親と姉との4人暮らしです。姉も発達に特徴があり、年少のときは加配の保育者がほぼ1対1で個別の援助をしていました。姉は喜んで幼稚園に通い、保護者と担任との関係性も築くことができていました。姉の担任でもあったたろうくんの年少の担任は、毎日の実情を率直に伝えながら、保護者との連携のもと保育にあたりました。

②入園当初の姿――発語がなく音に敏感

たろうくんは、人がたくさんいるざわざわした場所を嫌がり、泣き声や叫び声、歓声などの大きな声が聞こえると、その場を離れようとするか、耳をふさぐなど、音に敏感です。そのため、保育室にいる子どもの人数が増えて大きな声が飛び交うようになると居心地が悪くなり、保育室を飛び出して誰もいない静かな場所を求めてさまよいました。

また数字に興味をもち、よく時計を見つめました。数字を書いたり並べたりしていると安定しました。予測のつかないことに不安を示し、何が起こるかわからない集団の場を嫌がりました。音楽は好きなので音楽が聞こえると保育室に戻り、興味をもって手遊びやダンスをしている友達の様子を眺めます。その場では参加しないものの、加配の保育者と1対1のときなどに、みんなが歌っていた曲の一部を口ずさむなどの姿が見られました。

生活習慣面での自立は難しく、加配の保育者が個別に関わっても自分で食事や着脱衣はできませんでした。特にほかの子どもたちがいるところで取り組むのを嫌がり、別の場所に移動し保育者が促し手伝う状況でした。不快感があっても、たろうくん自身何が嫌なのかを明確に認識し表現することは難しく、生活全般で発語は見られませんでした。

③環境整備などの模索

毎日生活をともにするなかでさまざまなたろうくんの特性が見えてくると同時に、彼が集団で生活する方向性と意味を模索することとなりました。

そこで、たろうくんの得意なこと、苦手なことを踏まえた上で、「たろうくんのどんな育ちを園生活のなかで願っていくのか」について、保育者間で話し合いました。まずは気持ちの安定を図りながら、友達や周りの人に親しみをもち、人がいることが心地よいとまでは言わなくても、嫌ではないという姿をめざしました。そして、保育室のなかに落ち着く場所をつくろうと、たろうくん用のコーナーとして仕切りでスペースをつくりました。しかしほかの子どもも興味を示して自由に出入りしたため、この場所がたろうくんにとって安定できる場所にはなりませんでした。いろいろな対応を試みましたが、たろうくんの姿が目に見えて変化するところまではいきませんでした。

(3)専門機関からのアドバイス

①専門家の観察とアドバイス

そんな折り、児童福祉支援センターの専門家に、園でのたろうくんの様子を観察してもらう機会に恵まれました。そして、たろうくんの「好きなこと・得意なこと」、「集団生活のなかで困りやすいこと」を明らかにし、たろうくん自身が毎日の集団生活を楽しく過ごすために私たち教員はどのような環境をつくり、援助をしていけばよいかについて、アドバイスを受けました。その内容は次の通りです。

・たろうくんは集団生活のなかで聞こえるさまざまな音や状況の変化を敏感に感じ取ります。だから1人になって落ち着くことができる場面をつくることで、気持ちが安定するかもしれません。初めての活動の前には、あらかじめその内容や予定をわかりやすく伝えておけば、安心につながり活動に参加しやすくなるかもしれません。

・好きな数字を通して、理解できること（時計の数字でスケジュールの流れを見せるなど）や遊びの種類（大人といっしょにする、1人でする、書く、つくる、並べる、組み合わせるなど）を増やしていくことができそうです。

・食事、準備などの生活習慣については、毎日の積み重ねによってできることが少しずつ増えていくと思われます。それぞれの場面で、「環境」（食事場面では、落ち着いて座っていられるよう椅子を工夫するなど）と、「対応」（うまくできたことをたろうくんの喜ぶ方法で、タイミングよくしっかりとほめるなど）を工夫しつつ、たろうくんの成長を見守っていってください。

②段ボールハウスと専用タイマー

これらのアドバイスをさっそく保育に取り入れました。

まず、幼稚園カウンセラーとともに用意したのが、たろうくん専用の段ボールハウスでした。中に入ると周囲のものが目に入りにくくなり、大きな音なども聞こえにくくなります。

たろうくんは、その家におもちゃのお金や粘土をもち込み、安心して自分の好きなことに集中するようになりました。お金に書いてある数字を眺めたり、粘土で数字を形づくったりして遊びました。

屋根をつけていなかったため、ほかの子どもたちが上から覗くことを嫌がり、たろうくんは「屋根をつけてほしい」と身振り手振りで担任に主張しました。

段ボールハウスは当初、保育室前の廊下に設置しました。ほかの子どもたちが絶対に入って来ないこの家の中で、たろうくんは安定した気持ちで過ごせている様子でした。そこで次に、段ボールハウスを保育室内に入れてみました。やはり変わらず安心して過ごしているようでした。

またこの家は、嫌なことがあってもすぐに逃げ込めるシェルターにもなりました。この家があることで、保育室にたくさんの人がいても、嫌がらずに過ごす時間が少しずつ増えていきました。

1年後、年中になってクラス替えがあり、1クラスの人数も増えました。たろうくんは、新しい保育室や周りの人に慣れるまでに時間がかかり、保育室に入ることを強く嫌がりました。食事も隣の絵本室で取ることにしました。年少のときの段ボールハウスと同様、泣き声や大きな声が聞こえると、この絵本室に逃げ込む姿が見られました。

また年中では、時計への関心を踏まえてたろうくん専用のタイマーを用意しました。加配の保育者が時計の文字盤を見せながら、いま取り組んでいる活動がいつまで続くのか、新しい活動がいつ始まるのかを、得意な数字を示して伝えました。そうすることで、いつもと違う状況や未経験のことに直面しても、大きな不安を示すことなく落ち着いて過ごすことができました。

③伝えたい心を育む

このようにたろうくんには、担任以外の加配の保育者が常時1対1で対応する体制が不可欠でした。加配の保育者は、言葉にならないたろうくんの思いを迷いながらも表情や声などから探り、たろうくんの気持ちに寄り添い、不安材料を取り除けるよう接しました。常にたろうくんの思いに寄り添う加配の保育者がそばにいたことは、伝えたい気持ちを育むことにつながりました。要求や伝えたいことがあるとき、たろうくんは、一語文ながら保育者に言葉で伝えようとするようになりました。

またこの頃から、特定の人に甘えるなど身近な人に愛着をもつ様子がうかがえるようになりました。

3年目に入り年長に進級すると、園の体制上の理由で、個別に関わるのが担任、加配の保育者、幼稚園カウンセラー、臨床心理実習生と、日によって変わることになりました。これらのスタッフは常にたろうくんのことについて話し合い、彼の実態を共通理解しながら、それぞれの立場と方法で関わりました。

このような状況のなか、1クラス30人の子どものいるクラスで、たろうくんは特に不安定になることもなく、安定した気持ちで過ごす日が増えていきました。常に同じ保育者でなくても、それぞれのスタッフに安心して身を委ねることができるようになりました。

年長になってからのこのような姿を見て、「言葉で伝えれば受け入れてもらえた」という経験が、言葉で関わろうとするたろうくんの意欲や成長につながるのではないかと考えました。そこで、たろうくんが特に発語で自分の意思を表そうとしているときに、よりしっかりと受け止め応える関わりを増やし、言葉でのコミュニケーションを促しました。

④安心する場所と安心できる人

人との関係性を築く上で、「いつもそばで寄り添ってくれる人がいる」という安心感をもって2年間過ごせたことは、本当によかったと思います。「人は信頼してもいいんだ。自分は大切にされている存在なんだ」と感じ取ることが幼児期にできれば、それはまさにたろうくんが幼稚園教育を受けた大きな意味となっているはずです。

まだまだたろうくんは、そばに寄り添う大人がいないと、何をよりどころにすればよいのかわからず不安感を示し、目的を見つけることができずに困惑する姿が見られます。だからこそ今後もたろうくんの思いに近くで寄り添い続ける存在が必要と思われます。

同じ年齢の友達に対しては、時折警戒するような姿も見られ、大人に抱くのと同じような安心感を抱いているとは言えません。しかし、人に対する信頼感は芽生えてきています。

たろうくんが集団のなかで育っていくためには「安心する場所、安心できる人」が不可欠であるということを、小学校にていねいに引き継いでいきたいと思います。

(4)周囲の変化

①子どもたちの変化

たろうくんだけでなく周囲の友達にも、彼と3年間いっしょに過ごしてきたからこその育ちが明らかに見られます。年少の頃、たろうくんが周囲の子たちと同じように活動できない場面で、子どもたちは「なんでたろうくんはしないの?」と怪訝な顔をしていました。その都度、保育者がたろうくんの気持ちを伝えたり、たろうくんのペースでできることが増えていることを話したりするなかで、その姿をたろうくんの個性として受け入れることができるようになっていきました。

そして、次第にたろうくんに親しみをもつようになりました。

「たろうくんがみんなといっしょに食事ができる」

「たろうくんが自分で服を着る」

と、たろうくんのできることが増えると、自分のことのように喜びます。時にたろうくんは迷惑そうな顔もしますが、「たろうくんと関わることがうれしい」、そんな子どもの姿があります。子どもたちなりにたろうくんの気持ちを確かめながら、たろうくんが自分たちと楽しく活動することができるためにはどうすればよいかを一生懸命考えています。

しかし、働きかけてもたろうくんが応えてくれるとは限りません。時には「たろうくんだからしょうがない」と、たろうくんの困った行動を見逃すこともあります。そこで保育者が、「たろうくんのためにあなたたちの思うことを伝えよう」と促すと、たろうくんに本気で注意もするようになりました。

たろうくんはこのように対等に関わる存在が好きです。世話を焼くお兄さんやお姉さん的な関わりより、だめなことは本音で「だめ!」とぶつけられるのを喜びます。そのことを周りの子どもたちが、たろうくんとの関わりのなかで理解していきます。

「これは難しいから、僕らがする」

「これは誘っていっしょにやってみよう」

「これは我慢することよ」

このように、たろうくんにどのように伝えればよいかを考えながら関わるようになっていきました。

こうした関わりがうれしくて、たろうくんはわざと「だめ！」と言われることをしながらも、集団のなかに身を置くことが心地よくなってきているように見えます。グループ活動はできなくても、自分がどのグループに属しているかは認識しており、グループ活動にも自分のタイミングで少しばかり参加しようとするようになってきました。

たろうくんにとって、それぞれの保育者に求めることは違いますが、それと同じように、友達に対してもそれが誰であるかに応じて違う要求（そばにいてほしい、いっしょにやってほしい、自分の代わりにやってほしいなど）をします。周囲の大人に対する安心感が基盤となり、友達にも心を開き始めました。

周りの子どもたちは、たろうくんが自分たちと同じことができないことを理解しながらも、たろうくんの気持ちを考えながらいっしょに生活できる方法を考えようとします。それは子どもたちの人と関わる力となり、人との交わりの広がりになっているはずです。

②保護者の思いとその変化

たろうくんが幼稚園に通うようになり、保護者の意識もどんどん変化していきました。たろうくんのありのままの姿を受け入れ、療育機関に通うなかで、たろうくんの個性や特徴を理解し、たろうくんの育ちのために家庭でどのように関わることがよいのか、その都度具体的な手立てを実践していました。

保育者は、たろうくんのことでうれしいと感じたこと、たろうくん自身が困ったことなど、幼稚園生活のなかでのたろうくんの様子を常に保護者に伝えました。担任だけでなく、カウンセラーやほかの保育者も、その都度どんな関わりをしているか、いまある課題にどのように向き合うべきか、保護者の気持ちを受け止めながらもともに考えてきました。

たろうくんが年長になったとき、お母さんは次のように話していました。

「とにかく家ではリラックスできるようにしています。苦手な集団という環境のなかでがんばっているので、できるだけ肩の力を抜いて過ごせるように心がけています。そして、幼稚園でのことは全面的に幼稚園にお任せします」入園当初、保護者には園生活に大きな不安感があったと思います。それにもかかわらず、全面的に幼稚園に任せる気持ちになった要因は何でしょうか。それは、家庭と幼稚園とが月日をかけて、子どもを真ん中に据え、子どもの育ちを第一に考え続けてきたからだと思います。

姉の在園中も、幼稚園としてはその支援の必要性を伝えました。しかし保護者自身、なかなか勇気が出せずに療育機関に踏み込めませんでした。そこに後悔があるのも本音のようです。その後悔を繰り返さないためにもいま、たろうくんのために発達検査や療育に積極的に取り組み、たろうくんの子育てに生かそうとする姿勢が伝わってきます。

幼稚園と保護者で、たろうくんへの関わり方として共通理解していることは、「言葉にならない思いをたろうくんが言語化できるように、周囲の大人が努めること」です。言葉を通して、人とつながることができることを感じ取ってほしいと願っています。特にお母さん自身には、これまで大きな葛藤があったと思います。すぐに前向きな気持ちになれたわけではありません。幼稚園を通していろいろな人との出会いが生まれたことが、たろうくんを育てていく勇気となったのではないでしょうか。

この3年間を振り返り、お母さんは次のように話しています。

「2人の子どもを育ててやっと気がつきました。この幼い時期に、少しでも自分の可能性に気づき、意欲や自信をもてるように寄り添ってあげることがいかに大切かということがわかりました」

⑸幼稚園としての課題

1人の要支援児とその保護者と向き合うことを通して、これからの幼児教育のなかで、支援を必要とする子どもたちとどのように関わっていけばよいのか、そのヒントが見えてきたように思います。

①信頼感を抱ける関わりと環境

幼児期という就学前の子どもたちを預かる現場であるからこそ、子どもたちが自分を取り巻く人たちに、基本的な信頼感を抱くことができるような関わりが必要であると思います。

それは、うれしいときにそばでその喜びに共感し、楽しいときもいっしょに共感するようなことだけではありません。その子自身が困ったときに、「ちゃんと助けてくれる人がいる。この人を信頼して発信したら、応えてもらえる」ことに気づけることこそが大切ではないでしょうか。泣いたら、言葉を発したら、しっかりと受け止めてもらえる。この世の中は自分が受け入れられる素敵な場所なのだと、子どもたちが肌で感じ取ることができるような環境でなくてはなりません。そのためには、私たち保育者だけではなくいろいろな人と、そのような環境づくりのために連携していきたいと思います。

②保護者、関係機関との連携

連携の柱となるのはやはり保護者との関係づくりです。何ができたか、何ができないかという話ではなく、日々の生活のなかでの昨日から今日への「育ち」を伝えるようにしています。それが保護者の喜びやこれからの勇気になり、原動力になっていきます。子どもの育ちを共有できるパートナーがいることは、何よりも心強いことだと思います。

幼稚園と保護者の関係性ができると、行政・療育機関などともつながる可能性が高まります。関係各機関のアドバイスをもとに、幼稚園と家庭で必要な手立てを講じます。そこで、保護者が子どもの成長を実感できれば、幼稚園と家庭・各機関との関係性はより強固なものになっていきます。

そのため、もう1つの連携として各関係機関との協力が不可欠です。たろうくんに関わる方法や手立てはいつも同じものであるとは限りません。幼稚園・小学校・発達支援センター・佛教大学臨床心理学センター・療育施設・幼稚園カウンセラーなど多方面にわたります。1つの方法に留まるのではなく、それぞれの立場からその子と向き合い手立てを考え、どう相互協力していくのかが大切ではないでしょうか。

③統合教育の重要性を踏まえた子育て支援の充実

たろうくんがこんなに変化し大きな育ちが見られたのは、何よりも保護者、特にお母さんの理解を得たこと、幼稚園と保護者が互いに信頼できたことが根本にあります。そのために幼稚園は常に子どもを教育するという一極的な立場からだけではなく、しっかりと子育て支援の側面を充実させ、保護者の心配・困りごと、そして喜びに心を添わせていくことのできるような存在でなくてはなりません。

現在、特別な支援を必要とする子どもの入園希望は少なくありません。しかし、幼児教育界全般で、その受け入れが十分できている状況ではないようです。それは特に人的な環境を整えるのが難しい実情があるからです。統合教育のなかでこそ育つものが大きいことを踏まえると、そのあり方を教育機関・行政も含め、社会全体で考えていかなくてはならないのではないでしょうか。

02

子どもの願いの実現は〝つながり〟をつむぐなかで

渡辺恵津子（元小学校教諭・大東文化大学）

「あの子はアスペルガーかもしれないので、支援学級への措置を考えた方がいい。問題行動をメモしておくように」

管理職からこう言われた新任教員は、その言葉に疑問を感じたそうです。原発災害による父親の失職、たび重なる転居が背景にあることは何も伝えられなかったからです。子どもの背景や生活に目を向ける前に、気になる言動だけで「発達障害だ」とする見方が職員室内にあることにも、首を傾げたくなったといいます。

いま学校現場では、発達に課題を抱えた子どもが目立って多くなりました。指導上「困った子」として支援の対象にされることはよくありますが、「困っている」のは子ども自身です。保育や教育の現場で多く発見される発達障害ですが、教育現場に求められているのは、子ども自身や家族が抱えている「困難」や「願い」に耳を傾けること、ともに考え理解し合う関係を築いていくことではないでしょうか。

大学でも、発達障害の診断書を持参して配慮と支援を申し出る学生はいます。青年期の学生は自分のことを周囲の人たちに理解してもらい、どのような配慮や支援が必要なのか自覚的に行動できますが、学童期の子どもたちはさまざまな生きにくさや困難を抱え、保護者も悩んでいることが多いのです。

ここでは、これまでに出会った、子どもたちの願いや思いを受け止めることから始まる小学校の2つの実践事例から、周囲の理解と支援・援助のつながりを紡いでいくことの重要性について、考えていきたいと思います。

⑴子どもと保護者の願いを聴き取る

①イライラのゆっくん

2年生のゆっくん（仮名。以下すべて仮名）は、始業式の日から席につきませんでした。イライラした口調で暴言を吐きながら友達のペンケースを取って投げたり、着席して読書している子の頭を突然叩いたり、髪の毛を引っ張って泣かせたりしていました。いつも突然のことなので、ほかの子どもたちは体の大きいゆっくんにビクビクしていました。

給食も、食べている最中の子の器に自分の食べかけのおかずを突然突っ込み、「ゲット！」と全部もって行ってしまいます。

暴言を吐き、手を出すことは日常茶飯事です。校長先生に対しても「おまえの言うことなんか聞かない！　あっちに行け！」と言います。授業中離席して校舎内を徘徊し、いろいろなものを破損させてしまうこともたびたびでした。

1年生のときにゆっくんをめぐる親同士のトラブルが多発していたので、家庭訪問では苦情をたくさん聞きました。

ゆっくん以外にもさまざまな課題を抱える子どもが複数いた教室です。子ども同士の関係を豊かに結ぶこと、保護者同士もともに子育てする仲間としてつながり合える関係にすることは、大きな課題でした。

子どもたちには体を使って思い切り遊ぶこと、さまざまな表現の場をつくること、学びたくなるような授業をつくりながら子ども同士の関係を豊かにすることに重点を置きました。同時に、子どもを真ん中にして保護者の願いや要求をつなぎたいとも考えました。

②ゆっくんが見つけたお気に入りの場所

授業にはまったく参加しなかったゆっくんには、教室で好きな場所がありました。教室の後方窓際にあるロッカーと、古い学級文庫が数十冊あるだけの低い本棚で仕切った小さな空間です。教師の目からも遮られているその空間は、床に座り込んだり、寝転がったりして自由に過ごせる子どもたちのお気に入りの場所でした。

授業中に離席するゆっくんは、そこで本を見ながら過ごすことが多かったので、私物の絵本や図鑑を数百冊教室に持ち込むことにしました。毎日の読み聞かせも大好きだったゆっくんは、授業が始まるとその本の中から昆虫の本を数冊持って来て着席し、見ているようになりました。

初めは本を投げたり、足で踏みつけたりしていましたが、ある日、図鑑と捕まえてきたアリを昆虫ケースに入れて机の上に置き、いつもちょっかいを出していた体の小さなきくちゃんに話しかけながら、2人で眺めていたのです。穏やかな表情でお喋りをしていたその日は、暴言も暴力を振るうこともありませんでした。

「ゆっくん、今日は誰にも暴力しなかったね。きくちゃんとアリ捕まえて楽しかったんだね」

と言うと、ほかの子どもたちも集まって来て、お喋りを始めました。

「今日はゆっくん優しかったよ」

「アリを見せてくれたよ」

〝ママのノート〟にこのことを書いたことを伝えると、「何て書いたの？　読んで」とゆっくん。聞き終えるとOKサインと笑顔で、ノートをていねいに机にしまいました。

友達といっしょにお喋りしながら何かをする経験、肯定的に認められる経験がなかったゆっくんのつらさが、笑顔の裏側に読み取れました。

③キラリ変化を捉える

全校集会が苦手なゆっくんでしたが、入学式に静かに出席して、たくさんの先生たちからほめられたことがありました。

2年生全員が出席する直前、「オレは将来やくざになる」と豪語する隆くんの大事なペンケースに触って取っ組み合いの大ゲンカとなり、ゆっくんは教室の隅で泣いて動きませんでした。怒りに震える隆くんも同様でしたが、入学式に出るか出ないかを子ども自身に決めるよう促した結果、隆くんは気持ちを切り替えながら参加しました。隆くんの行動を見ていたゆっくんも自分から入学歓迎の歌に参加したのでした。

「えつ子先生に、どんな魔法をかけてもらったんだい」

と、ほかの先生たちからもほめられたのです。

ママとの交換ノートは、この姿を伝えるために始めたものです。いつも叱責と注意の対象となっていたわが子、その子育てに疲れている保護者への励ましと、子どもの丸ごとの姿を共有するための交換ノートです。私は、ゆっくんのキラリ変化をできるだけ伝えるよう心がけることにしました。

④保護者会でカミングアウト

その後、ノートは日々の悩みや喜びを綴り合いながら、ゆっくんの姿を共有していく大切なものとなっていきました。通院していた医療機関とも連絡を取り、学校での様子を伝えて専門的な助言ももらいました。担当医は「障害名でレッテルを貼るのではなく、事実をしっかりと見ながら支援していく」というスタンスでしたから、教育と養育についていっしょに考えながら進めていくことができたのです。

ゆっくんをめぐるトラブルや、ほかの保護者からの不満が減ったわけではありませんでしたが、通信などを通じて子どもたちの生活が保護者たちにも理解されるようになった頃、1学期最後の保護者会が行われました。ゆっくんのお母さんは、勇気を出してわが子について初めて語ったのです。

涙を流しながら子育ての大変さや悩みを語り、ほかの子どもたちに迷惑をかけていることを初めて詫びたゆっくんのお母さん。共感する保護者たちでしたが、会が終わると「でも、けがをさせられたらやはり黙ってはいられません」という厳しい反応も少なくありませんでした。保護者がつながるには、まだまだ時間が必要でした。

⑤ゆっくんも主役！　クラスの仲間

「迷惑ばかりかけているようなので、学校は休ませます」

ゆっくんのお母さんから便りが届いたのは、2学期が始まって間もなくのことでした。落ち着かない日が続き、引っ掻いてきくちゃんにケガをさせてしまったのです。

「学校に行きたい」と言うゆっくん。「迷惑だから……」と言うお母さん。そこで「昼食後の服薬管理も兼ねて、ママも学校に顔を出してみたらどうですか？」と提案してみました。するとゆっくんママは、ときどき様子を見に来て給食もいっしょに食べ、休み時間も子どもたちといっしょに過ごすようになったのです。

それまではドッジボールをすると、ゆっくんがおもしろがってボールをもってどこかに行ってしまい、遊びになりませんでした。それが、運動が得意なゆっくんママが参加すると、ゲームも一段と盛り上がり、ほかの子どもたちも元気に外で遊ぶようになったのです。

みんなで鬼遊びやフットベースゲームなどで汗を流し、女の子たちは「おばちゃん、聞いて！　あのね……」といろいろ話しかけたり、相談したりしていました。こうして「ゆっくんママのいる教室」は、ほかの子どもたちにとっても居心地のいい場所となっていったのです。

保護者が参加する教室を見ていた校長先生は、体育の授業でゆっくんを自ら個別に指導すると表明しました。ゆっくんに合った体育の時間が保障されることになったのです。校長先生はもともと体育の先生だったのです。

こうしたなかで、ほかの保護者たちが、ゆっくんに直接声をかけることも多くなってきました。

⑥学習で輝くとき

ママがいても、ゆっくんは必ずしも授業に参加するわけではありませんでした。個別の課題を出すこともありましたがあまりやりませんでした。算数の「かけ算」では九九に入るとがんばって覚えていたこともあり、みんなといっしょに課題に取り組む日もありました。

ママが来校しなかった日、かけ算学習の「3×4」と「4×3」についてタイル図を見ながらゆっくんが初めて発言しました。

「車が3台あります。1台に4人のれます。ぜんぶでなん人のれますか」

この文章問題で、子どもたちは式に単位をつけながら何通りかの考えを出しました。みんなで喧々諤々話し合っているとき、ゆっくんは例のごとく机の上にたくさんの本を重ね、つっ伏しながら写真絵本を眺めていました。

すると突然、「このタイル図をこうしてみると同じだよ」と顔を横にして実演しながら、ゆっくんがつぶやいたのです。タイル図を書いて説明する子が出てきたときでしたが、ゆっくんのつぶやきに子どもたちは、「ほんとだ。横に寝てみると2つとも同じだ」「答えは同じでも意味は違うんだ」と驚いていました。「交換の法則」という新しいかけ算の世界が広がったのです。ゆっくんは机に寝そべって本を眺めていましたが、みんなが考え合っていることをちゃんと聞いていたのです。

「すごい！」という子どもたちの反応に、照れ臭そうにしていたゆっくんは、「かけざんたのしかった。みんなとやってたのしかった」と感想も言いました。これもママとの交換ノートに書くと、大事そうにもち帰りました。

ほかの保護者からの便りも届き、ゆっくんへの理解は確実に変わっていきました。みんなといっしょに学びたいという思いはあっても、うまくできないゆっくん。トラブルがなくなったわけではありませんが、ゆっくんはその後、授業に参加することも増えていったのです。

いまは特別な教育的ニーズのある子どもに対して、支援員が配置されたり通級指導も行われたりするようになっていますが、いっしょに学び生活する仲間としての理解はどのようにしたら深まるのか、考えなくてはならない大きな課題ではないかと思います。

⑦朝自習に参加する保護者たち

ゆっくんや隆くんが3年生になるとき、クラス替えがありました。52人を2クラスに分けるのですが、課題を抱えた子どもたちが数人いたので、保護者に「朝の自習時間への協力」をお願いすることにしました。

オーストラリアの学校に10年間子どもを通学させていた保護者が中心となって、保護者たちが参加する自主的な朝自習が始まったのです。折り紙、読み聞かせ、ブックトーク、ゲームや歌と多彩な朝自習は、「教室で見聞きしたことは口外しない」という申し合わせのもと、子どもを真ん中にした自主的な学校応援団として3月末まで続くこととなりました。

ゆっくんと保護者の願いを受けとめた理解の広がりはこの後、特別な支援員配置の保障につながっただけではなく、子どもたちをつなげ、大人たちをつなげる大きな力になっていたのは確かでした。

(2)事実の先にある真実

①かっちゃんの「噛みつき」のわけ

1年生の冬に、かっちゃんは転校して来ました。友達とコミュニケーションが上手に取れないことが理由でトラブルが続き、不登校になったことが転校の理由でした。

かっちゃんは「軽度発達障害」と診断されていました。算数は得意ですが、言葉で思いを伝えたり、文章を書いたりすることはあまり得意ではありません。自分の思いが伝わらないと、「噛みつき」もしていたのです。

2年生になったかっちゃんは、毎日学校へ来るようになっていました。得意な算数ではよく発言して、ほかの子が納得できるような説明も上手でした。放課後は学童保育にも通い、友達もできました。

ある日の放課後、学童保育には通っていない同じクラスの子が、「校庭で遊んでいたら、かっちゃんに噛みつかれた」と保健室にやって来ました。小さくなっていっしょについて来たかっちゃん。噛みつきの理由を聞きましたが何も語りません。注意をして2人を帰しました。

その日の夕方、学童保育の指導員がかっちゃんを連れて職員室にやって来ました。次のような話でした。

「かっちゃんの言うことを1時間かけてゆっくり聞きました。彼は状況を正確に覚えている子です。友達にからかわれたことで、悔しくて言い返そうとしても言葉がうまく出なかったこと、さらにからかわれたので、イライラして噛みついたことを話してくれました。このことをえつこ先生に伝えてほしいと言うのでいっしょに来ました」

話をゆっくり十分に聞かなかったことが、さらにかっちゃんを傷つけてしまっていたのです。学童指導員の子どもへの理解の深さとていねいな対応に、本当に頭が下がりました。

かっちゃんが「噛みつく」のは、自分の思いが伝わらないもどかしさの表現だったのです。かっちゃんの思いを十分に聞くことから始めなければなりませんでした。

②「縄跳びが跳べるようになりたい」と言うかっちゃん

2年生のクラスでは日記を書き、一枚文集にしてみんなで読み合っていました。自分では書けないかっちゃんは、書きたいことを話し、家の人がその言葉を聞き取って文字にし、それを写すという方法で日記を書いていました。かっちゃんの6月の日記です。

なわとび

ぼくは、なわとびをたくさん、とべるようになりたいです。今は、前まわしとびしかできません。うしろとびが、むずかしいです。とぶタイミングがわかりません。何どもやってみます。ビュンビュンはやくとべるようになりたいです。

9月、また縄跳びの日記を書きました。すぐに引っかかってしまう縄跳びが、連続してたくさん飛べるようになったときのことです。友達に教えてもらいながらいっしょに練習をしてできるようになった喜びが、そこには綴られていました。題も友だちの名前です。

ちとせくん

ちとせくんとなわとびをしました。ちとせくんはなわとびがじょうずです。ビュンビュンとびます。「手を大きくまわしてごらん」といいました。手を大きくまわして足もはやくとびました。とべました。「とべたじゃん」とちとせくんがいいました。チャイムがなったので、いっしょにきょうしつにいきました。

そして1月、初めて家の人の手を借りずに自分で日記を書きました。縄跳びのことがまた綴られていました。

なわとび

このまえの日曜日、なわとびをしました。冬休みは、前まわしとびしかできませんでした。でも、今は、後とび、あやとび、かけ足とびができるようになりました。パパにみてほしくて、家の庭でやりました。パパは「すごい、すごい」と手をたたいてすごくよろこんでくれました。「すごいなあ。こんなにできるようになって」と頭をなでてくれました。ぼくは、とてもうれしかったです。またがんばります。

かっちゃんの書き言葉を引き出したのは、いっしょに遊び励ましてくれる友だちと、共感して喜んでくれる家族でした。そしてまわりの大人たちは、「どうして、そんなにできるようになったの?」と、成長のきっかけやいろいろな人に支えられているというプロセスにかっちゃん自身が、目を向けられるような語りかけを心がけていたのでした。

自分を丸ごと受け止める大人や仲間がいること、子どもの多様な姿を周りの大人たちが共有することで、「発達障害」のある子も安心のなかで学習と生活が保障されて成長していけるのではないかと思います。

⑶子ども理解を真ん中にした〝つながり〟を

2つの実践事例は、発達障害に対する理解や支援の制度が十分保障されていないときのことです。いまは発達障害に関する研究や理解、支援の制度も進んできていますが、競争の教育が進められているなかで、発達障害への理解も制度保障もまだ十分に準備されていません。それぞれの子どもたちの願いや思いに応える支援や援助の実現については、まだまだ検討されなければならないのです。障害者権利条約が謳う「インクルーシブ教育」の理念を考えるとき、子どもたちの言動の裏にある願いや思いを聴きとること、発達の主体は子ども自身であること、子どもは仲間と文化の出会いのなかで育つということに立ち戻る教育実践をつくりだすことが求められていると言えます。

多面的で深い子ども理解を真ん中に据えた大人たちのつながりと、子ども同士の理解とつながりをどのように創造していくのかも、改めて問われているのではないかと思います。

03

子どもが安心して通える中学校にするために

内本年昭（大阪府河内長野市立西中学校教頭）

(1) 小学校教員と中学校教員による子どもを見守る体制づくり

①「小中連携」のいま

中学校に入学する際、子どもたちが中学校に抱くプラスのイメージは、「教科ごとに多くの先生に教えてもらえる」「部活動が盛ん」「体育大会や文化祭が楽しそう」などでしょう。一方マイナスのイメージは、「勉強が難しくなる」「校則が厳しい」「怖い先生がいる」「先輩にあいさつしないと怒られる」などでしょうか。

こうした環境の変化に対応できない子どもが不登校になることもありますが、とりわけ発達障害のある子どもたちのなかには、そこに困難を感じる場合が多いかもしれません。自ら見通しを立てることが苦手だったり、コミュニケーションが苦手で周囲の助けをうまく受けられなかったりすると、俗に言う〝中1ギャップ〟を克服できず、中学校生活になじめなくなることもあるでしょう。

そんななか、特別な支援が必要な子どもだけでなく、すべての子どもたちの成長を見守る体制として、近年は小学校教員と中学校教員がよく連携しています。「小中連携」さらに「小中一貫」という言葉がよく聞かれるようになりましたが、小・中の教員が子どもたちの学習面、生活面、家庭環境などについて積極的に情報共有しています。特に支援学級に入級している子どもについては、「個別の教育支援計画」を活用しています。

②教室の環境整備

また、小中合同研修会では、中学校区で人権に配慮した教室整備について話し合い、教育における「基礎的環境整備」と「合理的配慮」の充実を図っています。以下にいくつか例を挙げます。

・かばんを置く位置や向きを決める。
…持ち物をどこに置いたかわからなくなった子どもが、自分の物を見つけやすくなるとともに、周囲の子どもが紛失物を発見しやすくなる。
・「片づけ方」や「必要なもの」を写真や図で示す。
…どのように片づけや準備をすればよいかが理解しやすく、時間通りに学校生活を行えるようになる。
・教室の前面や黒板周辺の掲示物は最小限にする。
…黒板に示された授業内容に関するもの以外が目に飛び込んでくると気が散るので、それを防ぐ。
・椅子の脚に硬式テニスボールをキャップのように被せる。
…椅子を動かしたときに床との摩擦で生じる音を軽減し、聴覚過敏の

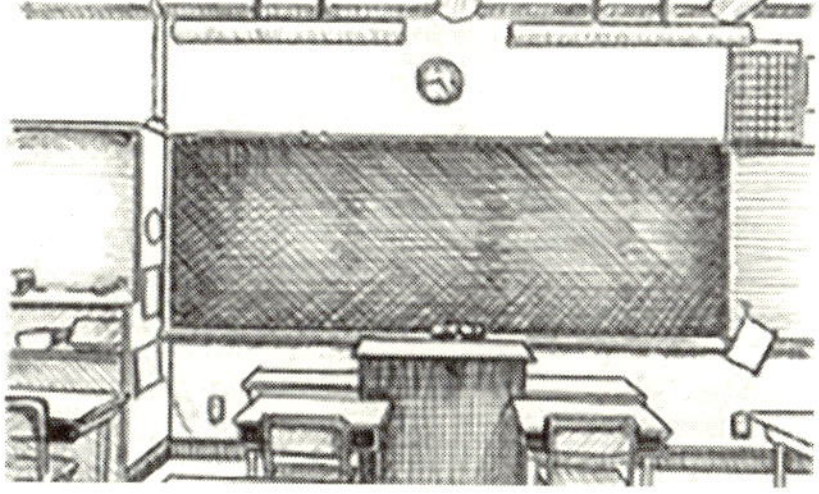

ある子どもが落ち着いて学習できるようにする。

・リフレッシュできるような場所を設ける。

…興奮状態の子どもがいた際、ほかの子どもから離れて別の教室などに移動し、教師と対話しながら落ち着けるようにする。

このような環境整備は、もともとは発達障害の子どもへの「合理的配慮」として始まったものも少なくないと思われます。しかし、一部の子どもへの「合理的配慮」に留まらず、全校生徒にとってありがたい「基礎的環境整備」として成立してきています。物事を理解しやすい環境、視覚的な配慮が行き届いて学習に集中しやすい環境、雑音が少ない環境、感情的に不安定になったときに人目を気にしない場所へ逃げられる環境など、生徒全員が恩恵を受けられるからです。

③各校で決める「授業スタンダード」

インクルーシブ教育システムとは、人間の多様性の尊重などの強化であり、障害のある子どもが能力を最大限度まで発揮して、誰もがともに学ぶことができる仕組みのことです。その理念のもと、各教科の授業なども各校で「授業スタンダード」を決めて、わかりやすい授業を行うようにしています。以下に、いくつか例を挙げます。

・授業のめあてを黒板に書き（貼り）、その時間の授業の目的を明確にする。
・できるだけ視覚的に示すことができる教材・教具を活用する。
・授業のなかで、リスタートを数回設定する。

・子どもたちの努力や取組の状況を認める場面を多くつくる。
・授業のまとめ、振り返りを行う。

これらの授業の構造化に学校全体で取り組むことで、子どもたちは授業の内容を把握しやすくなる効果が期待できます。実際にこれらの取り組みをしている学校では、「授業がよくわかる」と感じ、「授業に主体的に取り組む」ようになった生徒の割合が増加したという結果が出ています。

⑵子ども理解と保護者理解

①家庭と学校などでの子どもの様子の違い

人には誰でも得手不得手があります。家庭では普通に過ごしているようでも、学校ではしんどい思いをしていることがあります。勉強がわからない、友達とうまくコミュニケーションが取れないという問題は、何が原因なのでしょうか。できるだけ早期発見に努め、支援することが保護者の責務だと思います。保護者が関心をもってわが子の長所と短所を把握していかないと、子どもは「できない」や「うまくいかない」という失敗体験を蓄積していき、自己肯定感や自尊感情を低下させてしまいます。

周囲からもネガティブな評価を受け続けると二次的な問題や課題が生じてきます。緘黙《かんもく》、チック、うつ状態、暴力、反社会的行動、不登校やひきこもりなどの事象は、子どもに応じた支援策を取ることで多くが解決するのではないかと感じます。

保護者にとって、学校での子どもの様子は、日々の学校の先生との連絡や期末懇談などで知ることになりますが、学校の先生が「その子のよい部分をほめる」だけでなく、気になる部分についてしっかりと保護者に投げかけないと、その子の課題が解決されないままになってしまうこともあります。保護者と学校が、ともに子どもの支援体制を真剣に考える必要があります。というのも、中学校教員の立場で「なぜこの子は小学校段階で特別な支援を受けてこなかったのか?」と疑問に思うケースがときどきあるからです。

多くの場合、小学校教員の心配の声を聞き入れず、保護者が「家では普通ですから放っておいてください」などと切り返していることが想像されます。しかし、家庭内で見せる子どもの姿は限定的なものです。子どもの様子は、家族、学校の先生、同級生、地域の人などそれぞれの前で違うことが多いのです。

②特性と状況に応じた支援

発達障害といっても、自閉症、アスペルガー症候群、ＡＤＨＤ、ＬＤなどのどの特性が強いか、また複合しているかでさまざまですが、それらの可能性のある子どもは、自らの努力で克服できないしんどさと向き合うことになります。学習における「読み・書き・計算等」の特定分野の困難性が見られる場合は、その子どもに合った学び方で支援すべきです。

行動における多動性・衝動性・不注意が顕著な場合は、その子どもが落ち着いて物事に対処できるような支援が必要です。興奮した子どもに高圧的な叱責をすると逆効果になることがあります。まずはクールダウンが大切で、子どもを落ち着ける部屋に連れて行く、信頼関係がある教員が対応するなどの対応が必要です。

また、対人関係において他者視点で考えることができない場合は、友達とトラブルがあっても深く反省するのは困難です。なぜなら、人の気持ちを察することが苦手なので、いくら教師が論理的な説諭をしても、わからないことを延々と聞かされるだけで別のストレスを与えてしまうからです。そのため、端的に「こういう場合はこうするのが社会のルール」という、型を教え込むことに重点を置いた指導をしたほうがよいと考えます。

認知面・知的発達に課題のある子どもは、学習内容の定着が難しい上に、「わからないことがわかっていない」こともあります。集中力を保つことができる時間、ワーキングメモリーのキャパシティなどを検査で明らかにし、そこに発達障害との複合化が見られるかどうかも把握したほうがいいと思います。

同学年の子どもと同じ速度で学ぶ環境では、学習内容がほとんど習得できない可能性もあります。特別な教育課程でじっくりと積み上げていく学習をするべきかもしれません。

ほかに、虐待に起因している可能性があるなど愛着面に課題のある子どもの場合、対人関係では〝注意引き行動〟や〝反社会的な行動〟が見られることもあり、自己肯定感や自己有用感を満たせるような支援が必要です。そこに発達障害との複合化が見られるかどうかも把握したほうがいいでしょう。

③子どもの世界のネガティブ評価とその支援

家庭を出ると、そこには複数の人と何らかのコミュニケーションを取りながら共存する社会があります。周りの子と同じペースで学べない子ども、相手の立場で物事を考えることが苦手な子どもは、周囲からネガティブな評価を受けやすいものです。教室では先生の監視下で鎮静化していたとしても、子どもたちだけの世界では、それぞれが思ったことをすぐに口に出すでしょう。

「○○ちゃんは同じことを何回も聞くから面倒くさい」
「○○くんはすぐにちょっかいかけてくるから遊びたくない」
「○○さんは何回言ってもわからない」

このようなネガティブな評価を浴びた子は、自己肯定感が低くなり、後ろ向きな思考や消極的な行動になり、自分の気持ちを開示することができずに再チャレンジする力がなくなってきてしまいます。

教員は保護者に対して、子どもの学校での様子を具体的な場面とその結果状況を理解した上で、多角的な視点で客観的に判断した結果を伝えるべきです。学校でトラブルがあった際、教員は子どもから聞き取りを行いますが、そのたびに表現や事実関係の説明が変化することがよくあります。教員としての経験則から、事象として生じていることを明確に保護者と共有した上で、子どもの心情的な部分を分析し、今後の適切な支援策を探っていかなければなりません。その過程で保護者を理解し、子どもを理解し、相互に信頼関係を築きながら、子どもが何に困っているのかを見極めていかなくてはいけません。

⑶安心できる集団づくり

①授業規律と授業の構造化

教員は、誰もがいきいきと楽しく通える学校にするために、子どもたちが互いを認め合い、励まし合う〝つながり〟のある学級経営をめざします。ただ、学校では教室で学習する場面が多いので、自ずと授業規律が大事になってきます。しかし、発達障害などで支援を必要とする子どもは、悪意があるわけでもないのに授業規律を守れない場合があります。

「授業準備をして始業を迎える」
「人の意見を静かに最後まで聞く」
「授業に関係のないものをもち込まない」
「勝手に席を移動したり、立ち歩いたりしない」

ほかにも、教科の特性によってはさまざまな授業中の約束事があります。
授業準備の苦手な子どもに対しては、連絡帳使用の習慣やマメな声かけで指導し、学級全員が先生の説明を集中して聞けるように構造化した授業づくりを推し進めています。こうした「授業のユニバーサルデザイン」は、先述の「授業スタンダード」の取り組みがイメージしやすいと思います。

しかし、それでもうまくいかないことはあります。

②授業規律を守れない生徒がいるとき

授業規律を守れない生徒がいた場合、この指導が難しいのです。それは、指導内容をきちんと生徒に届けることの困難さと、指導される生徒の許容量を超える指導になってはいけないというさじ加減の難しさです。教員が毅然とした態度で「ダメなものはダメ!」と指導するのは当然であり、その教員の姿勢で集団の善悪の価値観や雰囲気が形成されていきます。「あんなことしたら先生に怒られる」という暗黙の了承があるから、生徒は羽目を外さないようになります。

だから、その場できちんと指導しないといけませんが、彼らにも言い分があるでしょう。余程の場合は授業の進行を止めて学級で話し合いをしてもいいでしょうが、毎回そういうわけにはいきません。

指導が受け入れられていないと思われる生徒がいたら、授業以外の場面で話をすることもあります。また、生徒の自治能力を高めるための課題として、どのようにクラスの仲間とつながっていくのかを考えさせることもあります。

しかし、そうした周囲の心配を察することができないのが、発達障害やその可能性のある生徒です。彼らは周囲の期待を裏切ることで、自分の居場所を失いかねません。

支援の必要な生徒が学級で孤立しないためには、違いを認め合える、何事も否定的に捉えない、安心できる集団づくりが必要になってきます。

⑷卒業後の進路を見据えて

①発達障害があっても大半は進学している

生徒たちは中学校3か年の課程を終え、9年間におよぶ義務教育を修了します。この段階で社会へ送り出しても通用するだけの人格の完成が、おおよそ順調に進んでいなくてはならないと考えます。しかし個々の生徒を見ると、3年間で学習の積み上げが本当に十分にできたのか、疑問を感じる場合もあります。

具体的には、通常学級で「わかる授業」が少ないために学習意欲をなくしている生徒のケースです。小学校段階の勉強が身についていない原因が本人の特性によるものであるなら、〝学び方〟を変えた方がいいはずです。支援学級に在籍して少人数の指導を受けるほうが、勉強で「わかる喜び」を見出すことができるからです。

平成30年度「大阪の学校統計」学校基本調査速報によると、高等学校等進学率は98・5％で、就職は0・3％です。

文部科学省の統計によると、平成23年5月1日現在、義務教育段階において特別支援学校および小学校・中学校の特別支援学級の在籍者並びに通級による指導を受けている児童生徒の総数の占める割合は、約2・7％です。また、同省が平成24年に実施した「通常の学級に在籍する発達障害の可能性のある特別な教育的支援を必要とする児童生徒に関する調査」結果によると、学習障害（LD）、注意欠陥多動性障害（ADHD）、高機能自閉症など学習や生活の面で特別な教育的支援を必要とする児童生徒が、約6・5％程度の割合で通常の学級に在籍している可能性を示しています。

このデータから、発達障害やその可能性がある生徒の大半は、高等学校などへ進学していることが推測されます。

にもかかわらず保護者のなかには、支援学級に入級すると高等学校入学者選抜を受検できないという誤解もあります。

②支援学級への誤解の原因

誤解の原因の1つは、特別な教育課程で教科の学習をすると、通常学級の生徒と同じように評定（俗にいう内申点）がつかない場合があるからでしょう。

現在、大阪府の公立高等学校入学者選抜においては、調査書（第1学年から第3学年の9教科の評定）が、当日の学力検査の成績や自己申告書とともに資料として用いられています。評定に空白の欄がある場合、すべて「1」の評定が入っているとして計算され、判定される場合があります。このオール「1」が損得勘定でどう映るかという別問題はありますが、決して受検機会がないわけではありません。

また、私立高等学校の場合は、評定を参考程度にしかしないところも多く、学力検査でどの程度の点数が取れるかを重視して選抜している学校が多数です。支援学級に在籍して特別な教育課程で学んだことで、基礎学力を高められた生徒は多くいます。彼らは私立高等学校へ進学し、さらに大学に進学したケースもあります。さらに、支援学級に在籍しても、全員が「特別な教育課程だから、通常の評定がつかない」わけではありません。

文部科学省が定める特別支援学級の区分には、「知的障害」「肢体不自由」「病弱・身体虚弱」「弱視」「難聴」「言語障害」「自閉症・情緒障害」の7つがあります。知的障害でなければ、通常学級の生徒と同じ定期テストや実力テストを受け、通常学級の生徒と同様に評定を算出しているケースが多いでしょう。

これら教育課程や成績についてどのように扱うかは、保護者の意向を踏まえて決めていくものです。そして「個別の支援計画」を作成し、その生徒に合った支援を学校全体、さらに進学先などにもつないでいく動きが広がっています。また学校だけでなく、医療分野や福祉分野と連携した支援の輪も広がっています。

③不必要な〝しんどい思い〟をしないよう

大阪府教育委員会が公表している「平成29年度の支援学級等の状況」によると、大阪府では区分上「自閉症・情緒障がい学級」が最も多くなっていることがわかります。ちなみに文部科学省の全国データでは「知的障害」区分が最多です。

この「自閉症・情緒障がい学級」には発達障害の生徒も在籍し、集団行動に慣れたり、コミュニケーション・スキルを向上させたりするような「生活」の時間や「自立」の時間を設定しています。この時間では、作物栽培や調理実習や学級掲示物の作成などのほか、他校の支援学級との交流行事に向けた取り組みなどを行っています。通常学級では肩身の狭い思いをしていても、ここではいきいきと自己開示して話し、リーダーシップを発揮している生徒もいます。

支援学級では、子どもの多様なニーズに応えるための体制づくりが、通常学級在籍生徒よりしやすいと思います。通級による指導（通級指導教室）で学習支援を行うのも1つの手段ですが、通級指導教室が設置されていない学校も多い現状です。

学校は、保護者のさまざまな悩みを共有しながら、子どもが不必要な〝しんどい思い〟をせずに学校生活を送れるよう、いっしょに支援していきます。ただ、卒業時にたくましく巣立っていくための〝生きる力〟をつけるためには、自己肯定感をしっかりと高めてほしいという思いが強くあります。

(5)大企業に就職した昇平くん

支援学級に在籍し、療育手帳をもっていた昇平くんは、近隣の私立高等学校へ進学し、その後は誰もが知っている大企業に就職しました。障害者雇用促進法の追い風もあったでしょうが、保護者と学校が連携して彼の特性についての共通理解を図り、同じ方向を向きながら彼を支援していけたことが大きかったと感じています。

彼には知的な遅れと自閉的な傾向がありましたが、保護者の深い愛情が常に彼を励ましていると感じていました。そして、昇平くんの控え目ながらコツコツと努力ができる性格は、中学校3年間でより強固に培っていったものだと思います。

中学校入学当初の彼は、職員室入室時のあいさつがぎこちなく、用件を伝える言葉も意味不明で、何度となく教職員からツッコミを入れられながら言い直していました。

屋外で行う部活動の練習を、大雨であっても「先生、今日は外で練習しますか」と聞きに来ていました。しかし、雨の日は通常、校舎内で基礎体力づくりをしています。彼は、ラダーというトレーニング道具を準備する担当になってから、雨の日は屋内練習であると理解できるようになりました。「雨」と「ラダー」が何かの拍子で結びついたのでしょう。彼が何か1つのことをできるようになったとき、周りの生徒も教職員も笑顔になることがよくありました。

彼が「クラスの女子が僕を見て笑っている」と言って悩んでいたときも、保護者は「わが子の思い込み」と悟って学校を休ませませんでした。彼は、一番前の席で小さく背中を丸めながら、時には耳をふさぎながらも、気の合う友達と休み時間に気分転換をして、いつの間にか何もなかったかのように解決していきました。

彼が成長していけたのは、彼のひた向きさはもちろんのこと、周囲の理解があったからだと思っています。生徒と教員、保護者と学校がそれぞれに信頼関係を築き、スクールカウンセラーや子育て支援センターなどの関係機関からのサポート体制も整い、「チームとしての学校」が機能していたと考えられます。

人の輪が子どもの健やかな成長を可能にすることを肝に銘じ、支援の輪を広げていくのも私たちの責任だと感じています。

04

サポート校で伸びていく子どもたち

近藤真理子（元広域通信制高校 サポート校教員）

私は、不登校やひきこもりだけれども進学したいという人たちに、個別の支援や広域通信制高校のサポート校での学習支援を行ってきました。

2017（平成29）年度の調査で、18万人もの生徒が通信制高校に籍を置いていると報告されています。すべてが日々通信制高校に通っているのではなく、サテライト施設であるサポート校などでの支援を受けながら高校の卒業資格を得ます。サポート校は週に数日、あるいは月に数日の「登校」で卒業資格を取得することができます。高校卒業資格があれば大学進学も可能になり、スタッフの支援を得ながら資格取得も可能です。

通信制高校は本来、自習により課題を提出します。彼らは、1人では内容の理解や学習のペース配分が難しい部分をサポート校で学び、学習の支援を受けています。出席が成績や進級に大きく関係しません。

私は、希望者を対象にした英語の個別指導、一斉授業による英語の講義、レポート作成のために英語以外の教科の学習支援、「子ども学」という選択制の一斉授業の講座を担当していました。

サポート校に通う彼らは、「学校でみんなとうまくいかなかった」「みんなの言っていることがよくわからなかった」「毎日登校をするという規則的な生活ができなかった」「アルバイトが続かない」「粗暴で友だちができない」など、主訴の後ろ側には何かしらの発達の凸凹があるように思える生徒がたくさん在籍しています。

通信制高校は、全日制や定時制高校に比べて中退率が高く、全員が進路を決定し卒業ができるとは限りません。しかし、〝みんなと同じ〟を強いられないことでいきいきと日々を過ごし、大学、専門学校などそれぞれの進路を決めていく生徒もいます。

「みんなといっしょだと勉強できないけれども、1人でならできる」

「先生にポンポン当てられる一斉授業の参加は怖くてできないけれども、大学には行きたい」

こうした彼らの声を聞くと、学校に合わないとひと括りにするのはあまりに酷なのです。そこには教育が考えていかないといけない課題が山積しているのです。

以下、サポート校のあらましと、そこで出会った子どもたちを紹介します。

⑴通信制高校、サポート校って何？

①通信制高校、サポート校の仕組み

通信制高校は、もう一度勉強したいという社会人や何らかの事情で転校や退学をしたけれどもやり直したいという人たちに、門戸が開かれています。

広域通信制高校と狭域通信制高校に大別されます。広域通信制高校には全国にサポート校と呼ばれるサテライト施設があります。課題を1人で計画的に完成をさせていくのは難しいため、サポート校で補習やレポートの指導を受け、本学名の卒業資格を得ます。本学に通うのは年に数日で、通常は必要に応じてサポート校のスクーリング、面接指導などに出席して課題を提出します。3か年で卒業する必要はあ

りません。

サポート校の運営は、専門学校などをもつ学校法人や塾、家庭教師を派遣する教育産業が担っています。スタッフは全員、教員免許を保持していません。

朝からレポートを作成するための講義がある学校もあれば、講義は受けずに個別に質問をしたり、個別の学習支援を受けたりできる学校もあります。登校しても、講義に出なくてもかまいません。ビデオ視聴という「講義」もあります。

午後は、同じ法人の専門学校の講師らから専門的な講義を受講したり、ギター、クッキングなどのクラブ活動にも参加できます。高校卒業資格だけでなく、検定試験や資格取得をめざすこともできます。また、併設の専門学校や通信制大学に優先的に入学できるメリットがある学校もあります。サポート校と通信制高校が併設になっている学校もあれば、サポート校のみの施設もあります。

サポート校と通信制高校が併設のところは、運動場や正門があるところもありますが、サポート校のみのところはビルのワンフロアだけのところもよくあります。図書室、理科実験室などの特別教室は併設されていません。ちょっとした休憩できるスペースもあるところはありますが、保健室や看護師、養護教諭、スクールカウンセラーの配置は必須ではありません（個人的にカウンセラーなどの資格を取得するスタッフもいます）。

②通信制高校、サポート校での学習と生活

私が勤務していたサポート校の職員室はオープンスペースで、カウンターを挟んで一方に先生たちが座っていました。生徒と先生は、文字通り壁も仕切りもない関係です。生徒はあいさつや世間話など、カウンター越しに先生に声をかけます。先生を「先生」と呼ばなくてもよく、友人のように話しかける生徒もいま

す。先生との人間関係の構築や垣根のなさを意識的につくり出している高校は多くあります。担任を選ぶことも、年度途中で変更することもできます。

クラスはありますが、クラス単位での取り組みがない学校が多いようです。修学旅行も企画はされていますが、強制ではありません。

制服もあり、着用しての登校も可能です。ピアスの着用や化粧についての制限もありません。

登校すればフォローを受けられるので、大学進学も難しくはありません。指定校推薦枠もあります。AO入試での受験も可能です。レポート試験が基礎的な内容であるため、総評もおおむねよく、AO入試の要件に合う生徒も多くいます。

全日制に通学する高校生のように、塾や家庭教師での指導で補習をして、一般入試で大学に進学する生徒もいます。大学進学も1つの進路であるという考え方ですから、自ら調べて自分で進学準備をする必要があります。

仕事をしながら通学をしている生徒、高校卒業資格だけを取りたい生徒も在籍しています。単位の取得状況によっては9月卒業の生徒もいます。

進路についても自分で調べて開拓していく必要があります。入学時期、在籍期間などに幅があり、卒業後すぐに大学受験をしているとも限らないため、卒業生の成績と大学進学に対応したデータが揃わず、成績に応じた進路相談はできないのが実情です。

自分がつらい思いをしているときにカウンセラーの先生にサポートを受けたことから、自分もカウンセラーになりたい、心理学を学びたい、今度は自分が教師になって子どもたちを救いたいという思いを抱き、大学に進学をする生徒もいます。これまでのしんどかったことを、ゆっくり1歩ずつ歩みながら克服していこうという部分も色濃いです。

キャンパスによっては、スペースが薄いパーテーションで仕切られ、ギターを弾いている隣で英語を勉強し、反対の隣でアロマの講座を受けているという光景もめずらしくありません。

しんどさを表に出さず、「普通」の高校生のようにふるまう生徒、今度こそ前向きに学生生活を楽しみたいと文化祭や学外での活動などに積極的に参加する生徒もいれば、厚い化粧で登校する生徒、ピアスだらけの耳の生徒、喫煙、飲酒など問題行動がやめられない生徒もいます。

⑵ハリー・ポッターに日本語を伝えに行くねん！——ゆみこのリアル

①幼稚園からほとんど登校せずに……

ゆみことの出会いは、単位制高校のサポート校2年生のとき。現在は大学3年生です。大学生になるまで、ほとんど登校していません。幼稚園もまともに通っていませんし、小学校も半分くらいの登校でした。中学校も1年生のときに少し通った程度です。

学校にいてもそこにいない感じで、わざわざ友達をつくりに行くことに疑問があったといいます。小学校のとき、友達グループに属していないあぶれた子とよく2人でいたそうです。そのことで、先生は学級に独りぼっちがいないと安心していて、「それは違う」と感じていたといいます。学校の友達づくりや、周囲に合わせていくことに違和感があったそうです。

好きなものはハリーポッターの小説で、家で何回も読みました。ハリーポッターの国イギリスに行きたい。行くきっかけになることを学びたい、探したい。大学に行けば学べるかな、と思って勉強を始めたと話します。

彼女の日常は、週2回の登校のほかに不定期のアルバイト、ボランティア。放課後に資格試験の準備をしたり、興味のある講座を受けたりしていました。

私は学内での講座だけでなく、個別に週に1度、英語の学習指導を行っていました。1年間、英語を通じて自分の弱さに向き合い、力をつけました。

そして、「もし、ハリーの国に行ったら日本のことを伝えないといけない」と、大学は日本文化関係の学科を選びました。行って何かを学ぶのではなくて、伝えに行くという能動的な志望動機になりました。体力がなかったとはいえ、勉強をしながら自信をつけ、大学選びというときにさまざまな方法を考え、たくさん大学を調べて夢を勇気に変えました。

②週2日登校でAO入試!?

3年生の春に、大学をAO入試で受験することに決めました。応募要件は「リーダーシップを図れる人」でした。

本人も家族も「お世辞にもリーダーではない」と言います。けれども、声や体力が適性ではありません。日本のリーダー像はステレオタイプではないか。この子といっしょに何かをしたい、つくりたい、そういうことを思わせるリーダーがいてもいいのではないか――、とも思います。受験しないと合格しないからと、AO入試にエントリーしました。

作文を書き、面接を受けに大学に行くたびに疲れ切って、一つひとつのハードルを越えるたびに寝込んでしまいました。結果的に指定校推薦枠で合格しました。週2回の登校でしたが、レポート試験や課題を提出していたので評点も高かったのです。

現在まで大学は皆勤です。朝から晩までさまざまな活動や講義に忙しく、周囲からも頼りにされています。インターンシップにも参加をしています。資格もたくさん取りました。

大学で学びたいことが多過ぎて講義がバッティングしてしまい、あきらめた科目も多いそうです。学外でもボランティア活動をしていて、寝込む暇はありません。プレゼンでは司会もします。口数は少なくとも、伝えるべきことをきちんと伝えられるリーダーになりました。

(3)マウンドの次の舞台はDJブース？——まさきのリアル

①「先生、英語教えられるん?」

まさきとの出会いは、高校2年の秋でした。

「先週に俺、留学から帰ってきた！　英語忘れんうちにやっとこうと思うねん！　先生、英語って教えられるん？」

英語教師の私に向かって、失礼な態度でしゃべりまくります。日本の英語の文法のプリントに文句をつけながら、さらさら解いていきます。

「書かんと、口で答えてよかったら解答できるけどなあ～」

小さな文法のミスがいっぱいですが、自信たっぷりです。

「できてる、できてる。俺すごいやん！」

いや、できていないし、小さなミスはたくさんあるし……。

②ピッチャーとして高校へ

小学生の頃は地元のクラブチームで活躍したそうです。当時から甲子園出場は目標としてあったといいます。中学生になり、学校の野球部には参加せず、そのチームで練習をしていました。野球の強い高校への推薦入学の可能性が高かったからです。

クラブチームの野球中心の生活で中学校には居場所はなく、性格も暗く友達もいなかったといいます。中学3年生の春早々に、高校の推薦入学が内定し、受験一辺倒の雰囲気の学級にますます居場所はなく、登校しなくなったそうです。

高校へは、ピッチャーとして入学しました。しかし、寮で他人と暮らすのはしんどかったそうです。授業もほとんど練習優先で、授業に出席をしているのはクラブで「使えない」子たちばかりだったといいます。けれども、レギュラーにはなれませんでした。2年生になる頃にはご飯がのどを通らず、退部を決めました。辞めると決めて気持ちが楽になったと話します。結果として学校に居場所がなくなり、転校を考え始めました。

退部後の修学旅行で北海道に行ったことが、彼を変えました。友達もいなかったけれども普通科の生徒の自由さには驚き、現地でカヌーのインストラクターに出会ったことが大きかったそうです。型にはまらず、好きなことをして生きている姿が鮮烈だったようです。

「俺は狭い世界で生きていたのに、外の世界を見てびっくりした。俺の知らないことだらけだった」

と話していました。

③世界に通用する男になる!

通信制の高校に転校した理由は、スクーリングの内容と場所でした。スクーリングで出会った先生やカリキュラムがよかったけれども、何よりも留学が彼を変えました。

「英語がおもしろい、英語を勉強したいと思った。英語を勉強できる学部に行って、英語にまつわる仕事をしたい！　世界中に行きたい」

受験準備では、英語で世界を広げたいのなら、国際理解や国際協力の分野だとわかり、世界を知ることができる学部学科を探しました。欧米だけでなく、アジア全域のことも学ぶことができて留学先が選べる大学に、AO入試で合格しました。

④いまは世界より、もっと楽しいところにいる！

大学の講義には、2年生まではまじめに出席していました。国際理解に関心がないと、大学への足は遠のきます。実は、講義の内容やレポートを書く作業が難しかったそうです。在学中、そのことを誰にも告げられず、取得単位は卒業にギリギリでした。世界を知りたいというのは、自分自身の内側や自分以外の世界のことだとわかりました。

在学中はヒッチハイクやたくさんの旅行を経験しました。卒業してからは、いろいろな人と出会い、在学中から続けているヒッチハイクや、DJの仕事を楽しんでいます。将来は母校の先生になりたいと、通信制大学への再入学の準備をしています。

⑷サポート校の授業余話

①ゆかりのわかったこと——英語の一斉授業で

普段は個別指導も実施しますが、学期の初めで人数も多く、可算名詞と不可算名詞の説明を一斉授業で行った日の1コマです。

大学受験対策講座なので、自由選択、自由参加です。プリントなども基本的に講師である私が用意しますが、自分の課題やレポートをもってきて学習することもできます。

「数えられるもの、1つ2つって数えられるものがたくさんあることを伝えたいときはmanyを使います。

量で測るもの、お水とかお金とか、雨とか雪とかはね……、muchを使います」

ここで私の話を遮って、高校2年生ゆかりの話が始まりました。

「でも私、この前雪を数えたよ。手のひらのせて、数えるねん」

「すごいなあ……。でもすぐ溶けてわからなくならない?」

「いや、すごい急いで数えなあかんけど、こういうときはできるねん。でもほんまに急がないといけないときは、ゆっくりやねん。何でかなと思っていて……(延々続く)」

これまでの学校では「そんな話はもういいから、やめなさい」と言われてきたのだろう、つらかっただろうと思いながら彼女の話を聞きました。

授業の終わりに彼女に「英語これから、毎週受講する?」と聞きました。

「さっきの授業で、わからなかったことがわかったから、もういい」

えっ、わからなかったことっていったい何……、と私は「?」でした。「また困ったらおいでね」と声をかけて、その日は終わりました。彼女のわかったことは「一斉授業も楽しい」ということだったらいいなと思っています。

②ミニスカ女子の居場所――「子ども学」の授業で

その日は選択科目「子ども学」でした。その日のテーマは「児童虐待」。15回の開講中に2回以上出席したら単位認定がされるので、履修登録している人が毎回全員が出席しません。未登録でも受講はできます。毎回来る人も初めての人もいるため、1コマで完結する授業をいくつか準備して、メンバーの顔ぶれを見て、その日の講義を組み立てます。

この日は4人のあまり喋らない生徒を前にスタートしました。そこにミニスカートで厚化粧の女子が2人、大きな声でお喋りしながら入って来ました。着席しても、携帯を触りながらのお喋りとメイクが止まりません。話の内容は、高校生にしては過激な「元カレ」に会う予定の話です。

「ちょっと待って。その話は後でゆっくり聞くから、私の話を聞いてもらえる？」

無視されました。それでも講義を続けていた私の話が、暴力によってつけられた被虐待児のあざや傷の話になったとき、お喋りに夢中になっていたはずの彼女が割り込んで来ました。

「私、知ってるで。見えへんところにつけられるんやんな。私の友達が、おっちゃんに（痕を）つけられてな、彼氏にばれてヤバかってん。証拠残したらあかんと思う」

（そういう話やないんです……）

「ごめんちょっと待って。その話も後で聞くから」

すると彼女らは「うざいから帰るわ」と出て行きました。私の話よりもリアリティもインパクトもありました。

授業が終わると、彼女たちはまだオープンスペースで喋っていました。彼女たちは自分たちの話をしてくれました。

「でも今日ご飯行くまで時間あるし、行くところがなくて暇やねん」

「ご飯行くの？」

「おっちゃんに誘われてるねん。でも私らはご飯食べるだけやねん。おっちゃんも寂しいらしいわ。ご飯いっしょに食べたら喜ぶねん。『おこづかいいる？』って聞かれるねんけど、それはいらんねん。何かかわいそうやろ」

「……」

「また来るわ。何かおもしろかったわ」

そう言って、2人ともいなくなりました。

2人は数か月に1回の登校で、私とは初対面でした。小学校も中学校も不登校で、どこにも居場所はなかったといいます。勉強も意味がわからず、言葉が自分のなかに入ってこなかったそうです。先生に「わからん」と伝えるのに、伝わらなかった、嫌われていたから、と話してくれました。

〝おっちゃん〟からは「会いたい」と言われるといいます。コミュニケーションがとりにくく、友達の少ない彼女たちとの関係は、〝おっちゃん〟にとっても元カレにとっても好都合なのでしょう。

(5)誰もが不安を抱える学校という文化

私は大学を卒業してすぐに、公立中学校の教員になりました。

毎日楽しそうに登校している生徒でさえ、「教室で誰に（調子を）合わせたらいいのかわからない。友達がいるふりをしているけれど、本当に友達なのかわからない」と言います。不登校の生徒は、「私が学校に行かないと迎えに来てくれるけれど、本当に会いたいと思って来ているとは思えない」と言います。

自分の身体が、学校や集団という形に合わないという違和感を抱えている生徒にたくさん出会いました。仕方がないと「あきらめ」続けられる生徒もいれば、その不適応な感じから、登校できなくなる生徒もいます。

不躾に発言をする生徒、いろいろな音や気配を感じて「教室には入りたくない」と訴える生徒、「小学校のとき、ただ給食を食べるだけなのに机を合わせることができなくて、つらかった」など、しんどかったエピソードは数知れません。

一人ひとりの訴えを聞いていると、誰の意見が正しくて、多数派なのかわからなくなります。とはいえ、

「誰か」と合わせることに躍起になります。学級における合意形成や「みんなと一緒に」という既成概念について、見直す時期に差しかかっているのではないかと思います。

発達障害という診断名は、ここで紹介した生徒たちはついていません。サポート校で学ぶ子たちは、「学校という場所がしんどい」「人見知り、引っ込み思案である自分に問題がある」「友達をつくりにくい」という言い方をしますが、実際は彼らのペースや関わり方が集団の大多数に合わず、声かけのタイミングや空気を読めないので、積極的な関わりを避けているのではないか、とも思えます。

枠のない広域通信制高校の雰囲気のなか、個別学習で単位を取得し、何事もなかったかのように数年たつと結婚する生徒もいます。小中学校で学校や学級に合わなくても何とでもなります。

しかし、教師や大人が関わり合いの難しさをうまく補えなかったことでギャングエイジの楽しい小学校の時期や、中学校での部活動や学級でのさまざまな取り組みを、子どもたちが経験できないことに、何とも言えない思いになります。

学級で一人ひとりに同じプロセス、同じゴールをめざすことや、多数決でとにかく方向性を合わさせるのはなく、それぞれが今日楽しかった、今日の自分は自分らしかった、誇らしかったと、それぞれの自分の行動や過ごし方にＯＫが出せる、一人ひとりが、その思いを認め合うことができる学級集団づくりへの転換が必要なのです。

その経験を経て、各人が自己認識感、自己効力感をもつことができれば、人との関わりのなかで育っていけるように思います。ほかを認めていく関係性の構築が、今日の排他的な社会の状況に風穴を開けることができるのではないかと期待しています。

05

大学で学ぶ発達障害の学生たち

森下陽美（立正大学障害学生支援室）

いま、大学で学ぶ障害のある学生数が年々増加しています。

日本学生支援機構の実態調査によると、全国の大学で障害のある学生が3万人を超えて学んでいるなか、発達障害と診断されている学生は全体の16・6％（2018年度調査）です。障害種別ごとでは、虚弱・病弱（33・5％）、精神障害（26・6％）に次ぐ割合です。

しかしこれは、あくまで専門医による診断を受けている場合です。実際には、学業や人間関係のつまずきを抱える学生のなかに発達障害が疑われるケースも考えられ、これらは実態調査では把握されていません。そして、これらの学生にもまた支援が必要なことは間違いありません。

また、診断を受けていない場合には、「〝困り感〟のある学生」として、本人ができないことや苦手と感じていることに対して、どのような工夫をしていくのかをいっしょに考えることから支援が始まります。

私は大学の障害学生支援室（以下、支援室）で、さまざまな障害や「困り感」を抱える学生たちの相談支援に関わっています。ここでは、学業不振をきっかけとして関わることになったかおるさんの事例について、1年半余りの支援室での相談過程を中心に紹介します。なお、掲載にあたってはご本人の承諾を得ています。個人情報に配慮して、事例を加工しています。

⑴かおるさんとの出会い

かおるさんの所属する学部では、半期の成績が出た時期に、学部教員間で単位取得状況を中心とした情報を共有し、ゼミ担当が指導を行うことになっています。そのなかで名前が挙がった1人がかおるさんで、ゼミ担当教員を通じて支援室につながったケースです。

初めてかおるさんと会ったのは大学3年生の初夏でした。少し硬い表情で支援室に現れました。

「ゼミの先生に紹介されて来ました」

「ここが何をするところか知っている？」

「困っていることをサポートしてくれるところ……？」

自信なさそうに答えた本人から「困っていること」というワードが出たので、何に困っているのかを尋ねました。するとかおるさんは、単位があまり取れていないこと、文章を書くのが苦手であることを話しました。

単位が取れていない学生はそれなりの数でいるものです。その大半は、大学に来ない、授業に出席せず、試験を受けられない、というケースです。文章を書くのが苦手というのも、多くの学生が口にします。

もう少し話を聞いてみました。夜遅くまでアルバイトをしていて朝起きられないことが、授業に遅刻してしまう原因だと話します。これも大学生にはありがちな話です。しかし、目の前にいるかおるさんは、授業に支障が出るくらいアルバイトには熱中しているようには見えず、私は少し混乱しました。

アルバイトをがんばり過ぎている学生でも、成績は芳しくないものの、要領よく友人のネットワークを利用して、ギリギリ単位を取っている学生もいます。今度は友人関係について尋ねてみました。

すると入学して2年以上、大学には友人と呼べる人がいない、と明言します。空き時間の過ごし方は、図書館で寝ていたり、学外に出かけたりするといいます。ふと、かおるさんは大学で過ごしている間、もしかして誰とも話をしないこともあるのかもしれない、と思えました。

かおるさんは、聞かれたことに淡々と答え、緊張していたのか自ら私に質問することはなく、かといって拒否的でもありませんでした。こうして初めての面談を終えました。

⑵周りから見ると困っているはずなのに……

かおるさんが約束の時間に来ないことが何度かありました。理由を尋ねると、都合のよい時間にバスがなかった、あるいは急な眠気に襲われ眠り込んでしまったなどと言い、短ければ30分ほど、長いときは1〜2時間と遅れることもありました。なかには、約束そのものを忘れていたこともありました。

ただ、そういうことがありながらも基本的には、日時を指定すると何とか面談には足を運んで来ました。話を聞いていくうちにかおるさんは、大学での人間関係にはまったく悩みがないことがわかりました。本人の口から出るのは授業や単位のことがほとんどで、それも聞かれたから答えた、という印象でした。

授業以外のところに話を向けても、大学内に友人がいなくてさびしいとか、話す人がいないというような言葉は出ません。地元では、友人に誘われたらいっしょにカラオケにも行くしファミレスにも行くと言います。アルバイト先でも話をできる人がいるということでした。

ここからわかったことは、大学では同世代の学生たちと話す機会がほとんどないということです。すると、たとえばこの授業は単位が取りやすいとか、このレポートはどんなことを書いたらいいのかなどの、学生たちにとっては特に必要と思える情報が先輩や友達から得られず、課題への取り組みや試験をパスするには

1人で乗り切るしかなくなります。しかしかおるさんは、そうした友人関係の枠外の自分ということについて、ほとんど関心を向けていませんでした。

かおるさん自身が抱える「生きづらさ」や「困り感」については、かおるさん自身が表現することと、私たちが「きっと困っているだろう」と考えるものとの間に、大きな隔たりがあるように感じられました。

(3)周りに関心を示さないかおるさん

かおるさんとの関わりのなかから見えてきたのは、大学内に友人と呼べる人がいないとはいえ、かおるさん自身が周囲からの関わりを拒否しているのではない、ということでした。

中学、高校のように、クラスや部活動など決められた枠のなか、毎日同じ顔ぶれが同じ時間を共有して人間関係をつくっていく場では、受動的でも周りと接点をもてるかおるさんのような学生は、人間関係において大きなつまずきを感じない場合もあるでしょう。

しかし大学のように、授業ごとに学生の顔ぶれが変わり、毎日毎時間行く教室が違い、さらには半期ごとに受ける授業も変わるとなると、その流動的な環境のなかで自分から周囲の人に声をかけて関係を築き、親しくなるということが難しくなります。まして、かおるさんが遅刻や欠席をしている間にほかの学生たちがそれぞれにグループをつくってしまっていれば、なおのことです。

大学の授業は、学生によってスケジュールがさまざまなため、顔を見せる回数が少なくなると、周りからは認識されにくくなっていきます。ゼミなど互いに顔見知りになれる少人数の授業でも、出席率が低く話もしないかおるさんは、まるで「そこにいない人」のように周囲から意識されなくなっていくのではないでしょうか。

しかしかおるさんの口からは、ゼミに対する居心地の悪さなど、一度も語られることはありませんでした。むしろかおるさん自身も、周りのゼミ生に関心がない様子です。

「自己紹介は私が欠席した日にしたらしいので、名前は知らない」と話していました。キャンパス内で見かけるかおるさんも、周りの学生の様子を見ている気配はありません。人ごみをぬって小走りにすり抜けて行きます。近くを私が歩いていてもまったく気づかず、すぐ横を走り抜けてしまうことが何度もありました。

かおるさんと私との面談は2週間から1か月に1度の頻度でしたが、なかなか覚えられなかったのか、かおるさんが初めて私の名前を呼んだのは数か月後、面談を3回ほど重ねた後でした。

(4) 卒業という目標に向けて

かおるさんに対して1年半の間、「4年で卒業したい」という思いを目標として意識化し、そのためにはいま何が必要かを話し合っていきました。

具体的には、少しずつ関係をつくっていきながら、スケジュール管理を中心に支援しました。授業への出席状況と生活リズムの確認、試験の日程やレポート課題の締め切りなどを定期的に報告してもらうとともに、取り組まなければいけない課題をいっしょに確認し、複数の課題がある場合には、優先順位をいっしょに考えていくようにしました。

かおるさん当初は聞かれたことに答えるだけで、面談の予約も私が提示する日時でしたが、徐々に「レポート課題が出ているので見てもらえませんか」と、自ら面談の予約を入れてくるようになりました。

支援室での面談と平行して、かおるさんは家族のすすめもあって医療機関を受診し、発達障害の診断を受けました。4年で卒業できる可能性が見えてきた頃には、卒業後を視野に入れて支援室から発達障害者支援センターを紹介し、そこでも相談ができるようになりました。
また、かおるさんは卒業の数か月前から就労移行支援事業所の訓練も体験しました。大学の単位もギリギリでしたが取得し、かおるさんは何とか4年で卒業することが決まりました。卒業後は発達障害者支援センターの支援のもと、就職をめざしています。

(5) 大学における支援の課題

① 支援に結びつくためのカギ

かおるさんのように最終的に発達障害の診断を受けるに至った学生でも、中学、高校までの学校生活のなかでは、本人からの訴えがなくても、教職員による学習支援などもあって、つまずきなく過ごせているケースはあると思います。しかしこうした学生が大学に入ると、徐々にうまくいかない場面が増えていく可能性が高くなります。

その場合、つまずいている学生をいかに把握し支援につなげるのか、が課題となります。学生自身が「いま困っている」「こんなことができない」ということを意識し、それを周囲に表現することができなければ、支援に結びつくのが難しいという現実があります。

かおるさんのケースでは、客観的には学業不振で4年での卒業が危ぶまれる状況があるにもかかわらず、本人が強い危機感を感じている様子は見られず、「困り感」は表現されませんでした。かおるさんを支援につなげるためには、いまのままでは2年後の卒業は極めて困難だとゼミ担当教員が何度となく伝え、私たち支援室のスタッフからも、本人に「自分が困っている」「支援が必要」ということを具体的に意識してもらうための働きかけが必要だったと言えます。

入学前に専門医による診断を受け、自分の障害についてある程度理解できている学生のほうが、多少なりとも大学生活で自分ができないこと、困っていることを認識して支援を求めるケースが多いように感じられます。それには、本人が支援を必要と認識している場合もあれば、家族が支援を求めるように助言しているケースも含まれます。

一方、診断を受けていない学生の場合には、自分の抱える「困り感」が障害に起因するものかどうかわからない場合も多く、誰かが支援につなぐ橋渡しをする必要があります。かおるさんの場合はまさにそうだったと考えられます。

②診断を受けていない学生の支援

このように、発達障害の疑いがあるが診断を受けていない学生を大学の支援につなげるには、以下のような課題があります。

まず、「支援が必要な（必要かもしれない）学生」ということを、誰がどのように把握するのかということです。中学、高校までと異なり、担任が毎日顔を合わせるわけではありません。各授業の担当者が欠席の多い学生と気にかけていても、それを学科や学部全体で日々こまめに共有しているわけではないでしょう。ましてや周囲との人間関係や生活の様子など、簡単に把握できるものでもありません。

つまり、本来は学業の面だけでなく、人間関係や生活状況なども含めて情報収集し判断する必要があるのですが、これらの情報を総合的に得ることは簡単ではありません。

大学においてはかおるさんのケースのように、教員間での定期的な成績不振者に関する状況確認や情報共有が、支援を必要とする学生を把握する1つの手がかりとなると言えます。そして、クラスで学校生活を送る中学や高校と異なり、大学では主に支援を担う教員や支援室など支援部署のスタッフだけの関わりでは限界があるのです。複数の教職員が情報共有をもとに協働し、学生の大学生活を見守る必要があるのです。

次に、実際に支援を行う場合、学生に関わるすべての教員が同じ方針を共有し、一体となって取り組むことの難しさがあります。大学では他学部の教員や非常勤講師が担当する科目を履修することもあり、学部や学科内で支援の方針を共有できたとしても、すべての教員の理解を得ることは簡単ではありません。加えて科目の特性、担当教員それぞれに単位認定の方法が異なるなど、常に同じ配慮や対応が必要なわけではありません。そのため、それぞれの授業について担当教員に学生が自身の障害特性について説明し、個別の対応を相談することが必要です。学生が自分の言葉で「困り感」と必要な支援について伝える経験を重ね、自ら環境を整えられる力を養うことが求められます。学生がもつ力を引き出し、育て、支えることが、私たち大学で支援に携わる者に求められる役割です。

3つ目に、発達障害という障害理解の難しさと、個別性の高さです。発達障害は目に見えない障害であるがゆえに、周りからは理解されにくく、単なる努力不足や不注意と捉えられることも少なくありません。そのため、診断を受けている学生はもとより、発達障害の疑いがありながら診断を受けていない学生の場合はなおさら、その学生がもつ困難について教員の理解を得るのは難しくなります。

したがって、まずは学生自身が自分の特性について理解し、苦手なことや難しいことが何か、自助努力としてできる工夫がどのようなことなのかを知ることが大切です。その手立ての1つとしては、医療機関で診断を受けることが考えられます。学生が抱える困難が、障害に起因して生じていることが明らかになるかもしれません。

しかし、診断を受けることはゴールではありません。発達障害といっても、学生自身が育ってきた環境やこれまで周りから受けたサポートの有無などにより、その「困り感」やこれまで自分なりに行ってきた工夫もさまざまです。診断を受けることは、自分の生きづらさや「困り感」がどこからきているのかを理解するための1つの情報として、具体的支援につながるスタートでなければなりません。障害名でひと括りにするのではなく、学生の個別性を踏まえた支援や配慮が必要です。

大学は社会に出る前の最後の教育機関です。「困り感」を抱える学生が、自分の特性を理解し、自助努力と必要な支援を求めていけるように支えていくことが大切です。また医療機関のほか、発達障害者支援センター、障害者職業センター、就労移行支援事業所のような関係機関などと連携もすることも忘れてはなりません。

障害がある、あるいは「困り感」のある学生が大学生活をうまく過ごし卒業することだけが、大学における支援の目標であってはなりません。将来を見据え、大学卒業後も支援が途切れないよう、学生を支えるさまざまな社会資源との橋渡しをすることが重要なことではないでしょうか。

06

発達障害をもつ人への就労支援について

――就労継続支援事業所あむりたの取り組み

白濱智美（就労継続支援事業所あむりた施設長／佛教大学非常勤講師）

(1) 就労継続支援事業所あむりたとは

① 事業所の概要

就労継続支援事業所あむりたは、NPO法人中小企業家コンソーシアム京都が運営する就労継続支援A型事業所（以下、A型事業所）で、障害者総合支援法にもとづく障害福祉サービスです。

現在は飲食事業を中心に展開しており、佛教大学から委託を受けた二条キャンパス（京都市中京区）の学生食堂の業務を通じて、A型事業所に通う障害のある利用者に生産活動の場と就労の機会を提供しています。そのほかには、企業内就労ができる場として「施設外就労」を実施しています。

あむりたでは平成23年の開所以来、現在通所中の人含めて延べ40名の

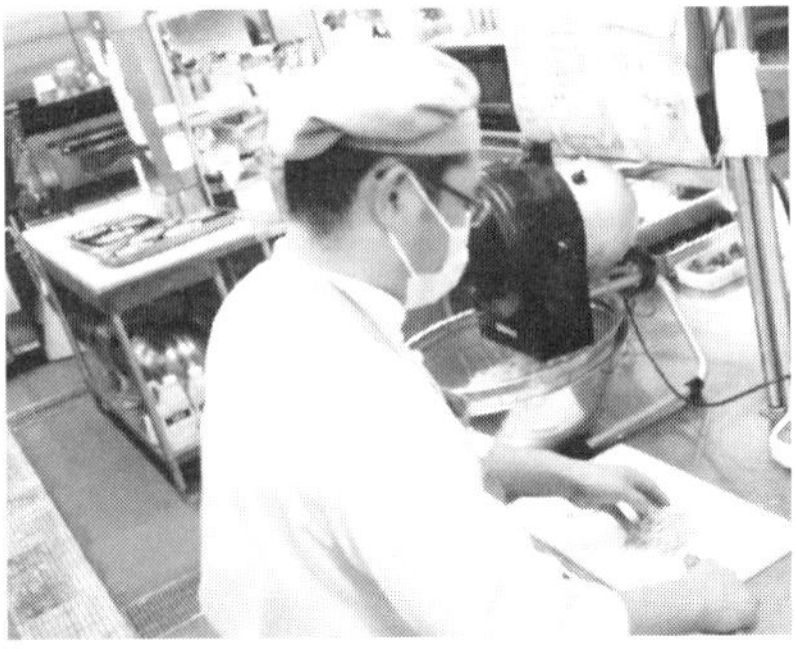

利用者がいますが、精神保健福祉手帳取得者が6割を占めています。障害名では、発達障害の診断がついている人が6名、発達障害の診断はまだついていないがその可能性があるとされた人は7名です。

②名称の由来と事業に対する考え方

法人の名称に加えて事業所名である「あむりた」という言葉も、日本ではあまりなじみがないと思われるでしょう。「あむりた」はサンスクリット語であり、不老不死をもたらす神々の飲料との説がありますが、それ以外におまじないとしての意味合いもあります。「あむりた」と唱えるだけで、また、その言葉を聞くだけでその場所には幸せが満ちると言い伝えられています。

そこから、〝人〟を〝良〟くすると書く字のごとく〝食〟を通じて、学食を利用するすべての人が幸せな気持ちになり、心地よい時間であり場所となるよう、その願いを届けていけるような活動にしてこうという、私たちの思いを込めています。「地域のなかで地域の人とともに」をコンセプトに、分野や業種を問わず、領域を超えた〝ゆるやかな連携（コンソーシアム）〟のもとでの実践が、私たちが大切にしている考え方です。

⑵障害者総合支援法における就労支援サービス

①3つの就労系障害福祉サービス

就労系障害福祉サービスには大別して、就労移行支援事業、就労継続支援A型事業（以下、A型事業）、および就労継続支援B型事業（以下、B型事業）の3つがあります。

まず就労移行支援事業は、通常の雇用者に雇用されることが可能と見込まれる人に対して、職場体験など、就労に必要な知識や能力の向上に向けた訓練を通じて企業就労をめざすサービスです。利用期間は原則2年以内で設定されています。

A型事業は、支援を受けつつ労働者として働きながら、一般企業への就労をめざすためのサービスです。事業所への通所により、雇用契約にもとづく就労の機会を提供するとともに、一般就労に必要な知識、能力が高まった人について、一般就労への移行に向けて支援します。

それに対してB型事業は、事業所への通所により生産活動などの機会を提供するとともに、一般就労に必要な知識や能力が高まった人には一般就労等への移行に向けて支援をします。この点に関してはA型事業と同じですが、対象者が異なり、通常の事業所に雇用されることが困難であり、雇用契約にもとづく就労が困難である人となっています。

A型、B型ともに利用期限はありません。

A型事業所とB型事業所との大きな違いは、雇用契約を結ぶのか結ばないのかにあります。利用者と雇用契約を結ぶA型事業所では最低賃金が保障され、労災・雇用保険の加入ができます。要件を満たせば社会保険への加入も可能です。一方、労働契約を結ばないB型は、労働者ではないことから最低賃金の保障はなく、行った作業に対する手間賃として工賃が支払われます。

②一般就労への移行状況

厚生労働省のデータによると、障害福祉サービス利用を経て一般企業への就職に移行していく人は、平成29年度で1万4845人でした。これは、調査開始初年度の平成15年度と比較して11・5倍です。

福祉サービスの充実に加えて、雇用関連の法律や制度が整ってきたことにより、発達障害を含む障害者の就労がより促進されていることがわかります。

(3)就労継続支援事業所あむりたの実践

①事業所設立に至るまで

筆者は、「あむりた」の施設立ち上げに関わるまで、精神科病院で精神障害者の地域生活支援に携わる精神保健福祉士（PSW）として勤務していました。治療からリハビリテーションを経て社会復帰に至る一連の過程においてさまざまな支援をする仕事のなかで、病院の外に出て訪問活動を中心にした業務を行ってきました。

精神科訪問看護という多職種によるチームアプローチのもと、患者の住む地域に出向いていくアウトリーチ型で活動をしてきたところ、訪問先で聞かれる「働きたい」「仕事がしたい」との声を具体的な形にするべく、先輩PSWである上司とともに医療法人併設の就労移行支援事業所設立に従事する経験をしました。この頃すでに、身体・知的障害の両分野では障害者雇用における取り組みとしてある程度確立されていましたが、精神障害の領域ではずいぶん遅れをとっている状況でした。

開設した就労移行支援事業所に通う利用者は、統合失調症をもつ人が大半を占めていました。また、いまほどではないにしても発達障害という言葉は少しずつ聞かれ始めたころでしたから、少数ですが発達障害の診断を受けている人も利用していました。

筆者を含めた支援をする側の状況としては、発達障害のある当事者への就労支援ノウハウが模索され始めた段階であり、利用者との関わりのなかで試行錯誤を重ねる毎日でした。

当時の経験を振り返ると、企業での就労を見据えて障害者本人とともに取り組む就労支援事業は、医療・福祉の領域では身近に例が少なく、企業といえば遠く離れたまったく別の世界であるかのごとく、日ごろ連携する対象としては捉えることができていませんでした。さらにハローワークとなれば、企業同様に大きな隔たりがあった時代です。

就労移行支援事業所は、原則2年間で企業就労の道筋をつくっていく就労支援事業を実施しています。その立ち上げには賛否両論があり、支援の進め方で批判を受けたこともありましたが、事業所一丸となって取り組んだ結果、開所後2年ほどで一定の実績を上げることができました。

しかし、事業所で日々実施している作業は就労上の訓練といえども模擬的な位置づけなので、取り組んだ課題や作業をやり切ったときのささやかな達成感は得られても、本当の意味での責任感や仕事に対するやりがい、人から感謝されること、認められることの喜びを得るところまでは手が届きません。これらの軽作業が会社での実際の仕事にどう結びついていくのだろう、と疑問が湧き上がってきました。

小手先の知識やノウハウにとらわれず、人の成長という視点から障害者の就労を捉え直し、支援員としての見立てに深みをもたせたいと考えていたときに、事業を成り立たせる収益性の面では大変なことも増えるだろうが、A型事業であれば生きた職場で実際の仕事を通じた実践さながらの訓練が可能となるのではないかと考えました。これが、人を育てる仕事としての現在の「あむりた」設立の流れへとつながっていきました。

②あむりたでの就労支援の流れ

あむりたでは通所希望があった場合、すぐ利用開始とはせず、必ず実習を実施します。そのなかで、障害特性の把握やコミュニケーション上の特徴、物事の取り組み方などを観察し、支援機関から得たアセスメント内容の検証を行います。この段階で想定される事柄を抽出しておき、予め紹介元の支援者を交えて対応方法を確認しておくようにしています。

本格的に通所開始となると労働契約を結ぶことになるので、その瞬間から労働者としての立場が発生します。福祉的枠組みにおける労働者性はその解釈に複雑さが生じるのは否めませんが、A型事業のもつ最大の特徴でもあるので、最大限保障し活用することに意義があると考えます。

したがって、受け入れ時に交わす労働契約に則り、就業規則についても学ぶ機会となり、実際の仕事と関連づけて話をすることによって具体性が増します。発達障害のある人には職場のルールや決まりなどについて、職場で期待される行動として実践できていなかったり、自分流の考え方や解釈で捉えてしまって職場内でもめたりすることも少なくありません。会社での振る舞い方や従業員としてのあり方については、知識と体験から学ぶ教育的な関わりがもてるという意味で、社会性を養うことにもつながります。

通所開始以降も定期的に面談をして、仕事の習得状況や達成具合を確認しながら、新たな目標設定へとつなげていきます。作業場面では、対人関係上の傾向やコミュニケーションにおけるトラブル、職場での振る舞いで課題などが露見することが多く、一つひとつの課題をもとに本人と対処の仕方について学びます。

これらの積み重ねは、今後、求職活動をして企業とやり取りをするときに雇用上起こり得ることとして説明するなかで、重要な意味を成します。具体的な対応策まで落とし込んで整理できていれば、企業で働き始めて問題が出たときにも迅速な対応が図れることにもなるからです。

毎日の勤務終了後には作業日報を使い、1日の振り返りをします。仕事の進め方や時間管理に問題がなかったか、指示された作業の仕上がりはどうであったか、接客対応ではお客様の気持ちになって対応することができたかなどについて、職員である支援担当者とやり取りを重ねます。そして、事業所内外の仕事でステップアップを重ねながら徐々に就労準備性を高めていき、少しずつ求職活動のステップに移っていきます。このような支援の展開は移行支援事業とも似た動きになりますが、企業内で職場実習を複数回重ねて、より具体的な見通しづくりを行い、ハローワークなどの支援機関との連携を経て、就職へとつなげていきます。

進むペースは一人ひとり異なり、進め方も個人の事情によるところが大きいので、すべての利用者が図の通りにはなりませんが、各ステップを行き来しながら着実に道筋づくりに取り組みます。

平成23年度の開所から平成29年度までの7年間で、企業就労を理由としての退所者は年平均2名で推移しています。このうち発達障害のある人の割合は就職者全体の3割強となっています。通所開始から就職までは最短4か月、最長で60か月と大きな開きがありますが、全体での平均は32か月となっています。過去3年間の実績（平成27〜29年度）では、あむりたの通所を経て就職した人の職場定着率は100％です。

(4) 就労支援場面で見られる課題

① 増える発達障害のある人の就労支援ニーズ

近年、あむりたでは統合失調症をはじめとする精神障害に加えて、発達障害のある当事者や支援機関からの就労相談の問い合わせが増えてきています。就労支援を求める発達障害のある人の状況を整理すると次の3つに分け

就労支援の流れ

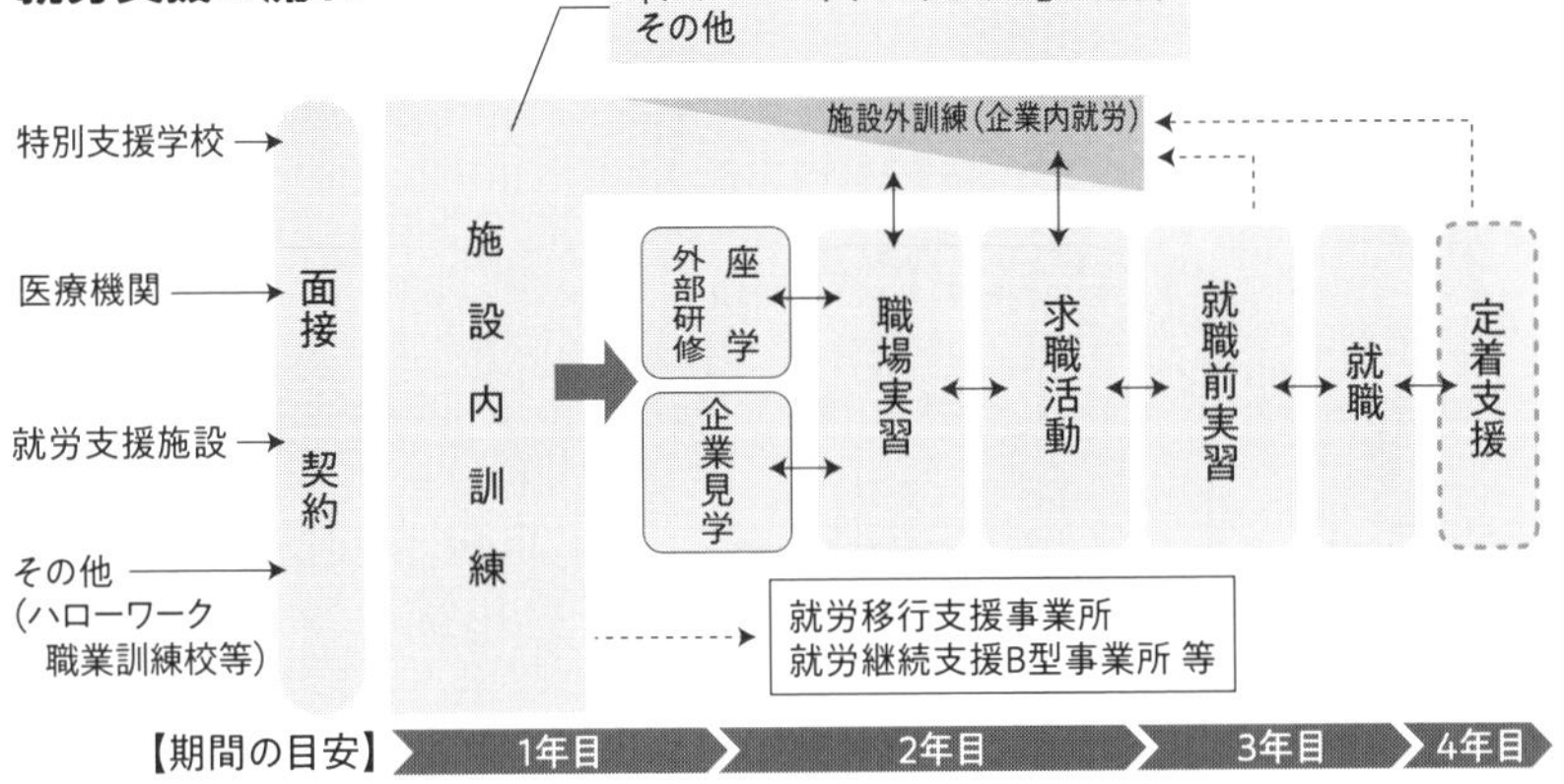

ることができます。

①すでに診断を受けていて一定の障害受容があり、障害者枠での雇用も視野に入れて具体的な就労支援を希望する人。

②成人期に診断を受けて障害受容の最中にあり、通常の雇用と障害者雇用の方向性が曖昧なまま働くことを希望している人。

③職業的な挫折を理由に発達障害を疑って相談に訪れ、さまざまな葛藤や課題を抱えたまま、まだ診断を受けるに至っていない人。

あくまでも特に②、③のケースが増えており、具体的な就労支援を行う前に、診断や障害受容を含めたさまざまな問題をどのように整理するのかが課題となっています。

面接などのかしこまった場面ではていねいな言葉づかいできちんとしたコミュニケーションが取れる人も多く、その外見からは認知面での障害はほとんどわかりません。雇用する側も、本人の障害特性が仕事にどのような影響をおよぼすかを予測できないまま、大雑把なマッチングで採用が決まってしまうことも少なくありません。

このように、外見や会話だけでは問題が見えにくいことが、発達障害のある人の就労支援の特徴と言うことができます。

就労支援を行うときは、①その人が、どのような職業能力を有しているか、②発達障害の特性が職場でどのように表れるか、③自己理解と障害受容がどの程度できているか、の3点を適切にアセスメントすることが、支援を展開していくうえでのポイントとなります。

②発達障害がある人の就労支援上の課題

●障害に気づくことの難しさ

発達障害のある人は自分の障害に気づきにくいため、青年期、成人期になって診断される傾向があります。しかし、何も気づいていないのではなく、幼少期の体験などから生きづらさや他者との違いをさまざまに感じている場合も多く、学校や職場では集団に合わせて過ごしている人が意外にたくさんいます。

発達障害のある人の就労支援では、多くの場合、診断を受けるか、手帳を取得するか、障害者雇用を選ぶかどうかについて、本人も支援者も紆余曲折を経験します。障害受容は長いプロセスになることから、急いで進もうとせず、支援者などが相談に乗り、話を聞きながら助言することで、少しずつ問題が整理されていくことを経験から学びました。

職種や業種のマッチング以前に、本人がどのような生き方や働き方をしていきたいかを選ぶための時間の重ね方がとても重要になってきます。

●具体的な経験と相談を組み合わせる

発達障害のある人のなかには、想像力が乏しかったり、聴覚情報の処理が苦手であったり、言葉を誤解して捉えやすいなどの特性から、話し言葉での相談に適さない人も少なくありません。また、想像力の乏しさやこだわりの強さなどの要因から、現実検討が不十分となりやすく、理想と現実とのギャップが大きいことがあります。

「能力的に無理」「現実的でない」と言ってしまうと支援者との信頼関係は崩れてしまうので、まずは否定せず、本人の希望を聞き、いっしょに可能性を検討しながら軌道修正を図っていくことが大切です。

そのためには、事業所内外での作業体験や職場実習を効果的に活用しながら、その取り組みをともに振り返り、失敗体験だけでなく成功体験も織り交ぜることを通して、理想と現実の折り合いをつけていくプロセスを繰り返していく必要があります。

●生活面の安定を保つことの重要性

就労の安定のためには生活面の安定が不可欠な要素です。発達障害のある人の場合、好きなことや趣味に熱中して生活リズムが乱れる、金銭管理が苦手、余暇をうまく過ごせずに疲労やストレスをためる、友人や異性関係の出来事が仕事に影響する、ギャンブルや飲酒に依存するなどの問題が生じることがあります。社会のルールやマナーの理解が曖昧だったり、人間関係が不得意であったりする発達障害者の特性は、生活面のリスクを高める傾向があります。

また、家族との関係が影響することもあります。家族から適度にサポートを受けている場合は本人も落ち着いて生活を送ることができるケースが多いのですが、ほどよい距離感が取れない干渉気味の親子関係にある場合では、親子間での緊張から些細なトラブルが起きやすく、それらの出来事が就労に影響を与えることもあります。

支援者が生活面の状況を把握し、地域の支援機関とも日ごろから連携を取っておくことが重要です。

③発達障害がある人の職場における支援課題

●コミュニケーション

コミュニケーションが苦手なのは、発達障害のある人の代表的な問題点として挙げられます。敬語の使い分けができない、きつい言い方をして相手を傷つけてしまう、困っていても援助を求められない、などさまざまな例があります。また、非言語的な部分では、会話中に笑顔で相槌を打つ、相手の態度から急いでいることを察するなど、言葉以外での意思疎通が苦手なことがあります。

●集中や注意が途切れやすい

人間には、視覚や聴覚の情報から無意識に必要な情報だけに注意を向け、不要な刺激は遮断する機能があります。発達障害のある人のなかにはこの機能が働かず、常に情報の渦にさらされている人がいます。この結果、脳がオーバーワークとなり、ぼーっとする、居眠りをする、ミスを頻発するなどの問題が起きてしまいます。

新しい環境下では特にこれらの問題が出やすいので、慣れるまでの時間を長めにするなどの配慮が必要です。こうした問題が予め予測でき場合には、作業環境を調整し、仕事は簡単なものから始めて徐々に量や質を増やしていくなど、情報量を制限してスモールステップにしていくことが効果的です。

●感覚の過敏

仕事のなかで予想される例としては、音に敏感なため機械音が我慢できない、普通の部屋の明るさだと眩しい、寒暖の感じ方が違って寒がったり暑がったりする、衣類によっては肌触りが苦手で我慢できない、薬品や化粧品の臭いで気分が悪くなるなどが挙げられます。

発達障害のある人の場合、刺激の感じ方、快・不快の範囲が、一般の人とは著しく異なる場合があることを知っておく必要があります。

●記憶

発達障害のある人のなかには、指示の理解が遅い、ミスが多い、よく勘違いをする、話がまとまらない、などの特徴があることがあります。その背景には、「注意」、「集中」の問題に加えて、記憶の問題が影響していることがあります。

具体的な配慮としては、ゆっくり1つずつ指示をする、理解したかどうか復唱で確認する、次の仕事に移るときなどのタイミングで確認や点検の習慣をつける、などの工夫が考えられます。

●独特の価値観やこだわり

マッチングが適切に行われれば「こだわり」も強みに変えることができますが、不適切なマッチングとなっている場合には、さまざまな問題が起きてしまいます。

事前の訓練で対応し切れる部分は多くないかもしれませんが、その人の関心事やこだわり、考え方の癖、価値観などについて把握しておくことで、職場内で調整をする際に役立ちます。

●優先順位と計画

発達障害のある人は、同時に物事を進めたり、計画立てて段取りよく進めたりしていくのが苦手な場合がよくあります。仕事を指示するときはまとめて頼まない、依頼時には優先順位を示す、こまめに進捗を確かめるという方法が効果的です。

(5)職業生活の継続と職場定着促進に必要な支援

①就業定着

発達障害のある人の就業定着のためには、仕事に集中できる環境の整備が大事です。周囲にはわからない音や光などがつらいと感じているような場合であれば、軽減できる方法をいっしょに考えます。仕事についてもできる限り得意な業務に集中できるようにし、苦手な業務は減らして、周りがカバーできる体制を組むなどの対応があれば、安心して働き続けることができるでしょう。

そして、最も重要なのは社内でのコミュニケーションの取り方です。

発達障害のある人も、職場のほかの従業員と同じように声をかけられたいと思っています。日々言葉をかけ、良好な関係が築けていれば、受け入れられている実感が安心感につながります。そのことで職場に早く慣れることができ、スムーズに仕事を覚えて、順調に成長していくことができます。

これは発達障害のある人に限ったことではありませんが、特に障害のある人が新しい環境に飛び込むのは非常に勇気のいることであり、仕事を覚える前に立ちはだかる最初のハードルとなります。

障害者雇用の定着のポイントは職場内の人間関係で、障害のある人との意思疎通がうまく取れているかどうかにあると言えます。雇い入れに際し、常に心の余裕をもって、おおらかな気持ちで発達障害のある人に接し、本人の話を聞く環境の用意があるのは重要なことです。障害があることで本人が孤立してしまったり疎外感を感じたりすることにならないよう、良質なコミュニケーションを通じた働きやすい雰囲気づくり、職場づくりが、定着における第1のカギとなります。

配属においては、キーパーソンを設定するのが一般的ですが、上司と部下という立場の面談だけでなく、人事担当者の面談も定期的に実施する職場のほうが、自分の状況を話すことができる機会が多いという点で、雇用を継続させるためのフォローとして大きな役割があり、より職場定着に結びついているように思います。

会社の規模にもよりますが、仕事を教える指導担当者もたいていの場合、自分の業務をしながら発達障害のある人の指導を行うことが多く、障害の特性に由来するものとわかっていても、その都度の対応には指導する側に負担がかかる場合があります。指導担当者が、面倒見がよく熱心なタイプであればあるほど精神的な気負いが増して、気づかないうちに疲弊してしまうケースもあります。

採用後の定着には、本人だけでなく指導を担当する従業員へも気を配り、ときどき話を聞くことも欠かせません。障害者雇用は会社全体としての取り組みでもあるので、いっしょに話を聞いて取り組んでいくことに留意する必要があります。

合理的配慮の提供に関しては、仕事をするにあたって本人が希望する配慮を面接時に申し出ていて、多くの場合、配属後は提供する配慮について申し送りがされていますが、働く側と雇い入れる側の双方の共通理解と合意のもとで進めていくことが、定着を高める上で重要となります。

その後、就業を継続するに伴って、配慮事項は今後もそのまま継続でよいのか、状況に応じて本人と企業との間で話し合いながら適宜見直しをしていくと、業務上のミスマッチなどが起きていないか早期に気づくことができ、不適応に陥る前に対処することが可能となり得ます。

②外部支援の活用

近年、発達障害者の雇用の際に外部支援機関の支援者を活用する企業も増えています。この場合の支援者とは、障害者職業センターのジョブコーチ、就労支援施設を利用していた場合には通っていた事業所の支援員、あるいは地元の障害者就業・生活支援センターの支援員などをさします。

これらの支援者による職場定着支援は、企業または本人の申し入れにより利用することができます。業務上での定着に課題がある場合は、障害者が職場に適応できるようジョブコーチなどが職場に出向いて直接支援を行い、採用後の職場定着に向けても支援を実施します。

発達障害のある人の職場定着には比較的早い段階から支援が展開されますが、いつまでもその外部支援に頼るのではなく、本人が主体的に仕事に取り組むことができ、職場としても発達障害のある人とともに働ける関係性が構築されていけば、支援者の介入は徐々に減っていき、いずれはフェードアウトしていくこととなります。

ジョブコーチなどの支援者としては、就業生活を続けるなかで出てきた問題や相談には対応していくことに変わりはありませんが、職場全体で支え合う体制（ナチュラルサポート）が整うことが理想的なあり方です。

(6) 発達障害のある人の理解を進めるために
——地域に根ざした就労支援ネットワーク活動〝CoCoネット〟（京都市）の活動紹介

京都市障がい者就労支援ネットワーク会議〝ＣｏＣｏネット〟（通称ＣｏＣｏネット会議）の名前は、「コミュニティー（Community）」、「コミュニケーション（Communication）」、「ここから始まる・ここに集まる」に由来し、頭文字のココという言葉をあてています。顔の見えるつながりにおいて、業種、立場を超えた交流で協働することを通じて就労支援ネットワークを構築するとともに、支援者のスキルアップ、市民への普及啓発、企業への障害者雇用支援などを行っています。

もともとは京都府山城圏域で展開されていた〝はちどりネットワーク〟の活動が基盤となっており、企業、福祉、医療、行政、ハローワーク、障害者職業センターなどのメンバーによる協働実践に習います。その取り組みは先駆的であるとして、新潟県や広島県などの各地域でも派生しています。

地域ごとの活動の積み重ねが実を結び、近年では福祉と企業の距離は明らかに縮まってきており、障害者の就労は決して特別なことではなくなってきました。しかし京都市内では、就労支援を行う事業所等は多く存在しているにもかかわらず、企業等を含めた横のつながりとしてのネットワーク形成には至っていませんでした。

「市内にも〝はちどり〟のような支援ネットワークがほしい」という当事者や家族の切実な願い、支援者らの声を具現化しようということで、思いを同じくする地域のメンバーが準備会を立ち上げ、平成27年、発達障害をはじめ精神障害などがある人たちの就労支援ネットワークとして正式に発足しました。隔月で全体会と作業部会を開催し、現在で3年になります。

これまでの活動で雇用事例を複数輩出することができました。もちろんすべてのケースが順調というわけではなく、不安定な経過をたどることもよくありますが、それぞれのケースを検討会で議論し、支援のあり方や雇用上の対応などについて、領域を超えた意見交換を重ねることで、チームとしての凝集性を高めています。

まだ始まったばかりの活動ですが、障害者を取り巻く環境やニーズの変化に対応していきながら、これらの実践が地域の文化として根づいていくよう、今後も地域の仲間とともに普及啓発に努め、受け入れ企業の拡大と雇用促進にむけて取り組んでいきたいと思います。

07

就労移行支援事業所とその取り組み

松原よし子（社会福祉士・精神保健福祉士）

⑴「生きづらい」人たちの願いにふれて……

私は現在、就労移行支援事業所に生活相談員として勤務しています。この仕事に就いたきっかけは一昨年、精神保健福祉士の受験資格を取得するための通信教育を受講し、2か所の施設での実習を経験したことでした。1つは精神科病院と併設するデイケア、もう1つは「地域活動支援センター」でした。

そこで出会った人たちのほぼ全員から聞いた「これからの願い」は、次のようなものでした。「自分でアパートを借りて1人暮らしをしたい。親に心配をかけたくない。自分で生活できるだけの給料をもらえる仕事がしたい！」

いまですら、とても大変な思いをしているはずの人たちです。まず、日々の治療としっかりつき合っていかなければなりません。部屋から出にくいという思いとたたかいながらの通所です。そのなかで、仲間や職員という家族以外の人間関係に触れるわけですから、喜びもあるでしょうが、大変さもあるでしょう。

また、なかには「自宅にいると家族との関係が苦しいので、休息をとるために地域活動支援センターに通っている」と話す人もいました。

どの人たちも、薬の副作用などによる眠気とたたかいながら、または自分にだけ聞こえる幻聴とたたかいながら、あるいはイヤホンから流れてくる音楽やサングラスを活用して強過ぎる音や光への反応とつき合いながらの、それぞれ懸命な通所のように、私には見えました。

それほどがんばっている人たちが、もっとがんばろうとしている姿に触れ、その願いに少しでも寄り添える制度や事業はないかと調べてみました。そして、ある1つの事業所にとても興味をひかれました。それが就労移行支援事業所でした。「最終的には仕事をして、自立したい」と願う人たちにとっては、とても魅力的な事業所と思えました。

先の実習先でもいま勤務している就労移行支援事業所でも、よく見られる診断名に（広汎性）発達障害があります。まず、私が出会った事例を3例紹介します。

①聴覚過敏を周囲に気づかいながら（Aさん、23歳女性）

短大を出た後、体調不良や気分の浮き沈みが激しいこともあり、精神科クリニックに通院しながら、ずっと自宅で過ごしていました。将来を心配した母親が市役所の担当窓口に相談に行ったところ、ある事業所を紹介されました。

Aさんはその事業所に、体調によって休むことはありましたが、比較的コンスタントに通っていました。しかし聴覚過敏があり、人の咀嚼音が気になり始めると調子を崩してしまったり、自分が「不快だ」と感じた音に反応すると急に休憩室で休まざるを得なくなったりしていました。

Aさんは、そんな自分の「症状」をきちんと自覚していて、最近では、調子が悪くなりそうなときは休憩室に行く前に職員に相談し、その場の危機を回避している姿を見ることも増えています。また、たとえば周囲の人に「今日、私は少しイライラしているので、あたってしまうようなことがあったら、ごめんなさいね」と耳打ちして知らせるなど、周囲への気づかいは大変なものでした。

広汎性発達障害との診断名がついていました。

ところで、Aさんはとてもイラストが上手で、その色彩感覚は誰にも真似ができない繊細で透明感のある色使いでした。これまでに見たことのない画風にとても感動しました。この才能が「仕事」に生かせないものかと思いますが、何よりも「本人の希望と意思」に沿うことが大切なので、今後のAさんの選択を見守っています（Aさんはいまのところ一般企業への就職を希望しています）。

②「誰かに眠気を投げ入れられた」と……（Bさん、26歳女性）

短大在学中に「介護福祉士の職に就きたい」と実習したものの、そこでの人間関係がうまくいかず、資格を取るための単位も取得できなかったそうです。それでも自宅で同居する祖父の介護で、そのときに学んだ経験を活かしています。

毎朝決まった時間には事業所に来て、週5日間作業に参加していますが、突然「いま誰かに、体のなかに眠気を投げ入れられた」などと訴えて、歩けなくなってしまうくらい体調を崩してしまうことがあります。また、軽作業の途中に集中力が欠けてしまうことがあり、スタッフから指摘されると、その場で悔し涙をポロポロと流してしまう姿も見られます。

けれども、Bさんのペースに合わせて対応する相談員などがそばにいれば、本当に生き生きと会話や作業を行うことができます。

1日の流れのなかの大半は、作業も順調に行えて、たとえば私が咳をするとそっと背中をさするなど、他者に対する細やかな心づかいもできる素敵な女性なのです。しかし全体としては、就労して社会に出て行くのはかなり困難ではないかと予測されます。

やはり広汎性発達障害の診断名がついています。

事業所の利用を開始してから1年半が過ぎ、「卒業（2年期限）」が近づいています。スタッフといっしょにハローワークに出向く機会が増えました。職業体験も何度か受けていますが、具体的な就職に向けての色よい返事は、まだ得られていません。

Bさんの不安や焦りが手に取るようにわかり、体調がすぐれない日も多くなってきています。

③人の顔が判別できない（Cさん、25歳男性）

互いに自己紹介をした後、彼が淡々と語ったことにとても衝撃を受けたのを、いまでもはっきりと覚えています。

「実は、僕は人の顔の判別ができないのです。特に中学校や高校のようにみんなが同じ制服で、集団でいると、まるで、動物園で皇帝ペンギンに囲まれたみたいな気分になってとても疲れてしまうんです。そのため、友人は1人もできませんでした。声をかけられても返事ができなくて、誤解されることもたくさんありました。でも、どうしようもないんですよね。もしも、声をかけてもらったときに僕が無視しても、悪く思わないでくださいね」

その後、彼に話しかけるときは必ず自分の名前を名乗ってから声をかけるようにして、コミュニケーションが取れるようになってきています。

とても理路整然とした大学時代の卒業論文も読ませてもらいましたが、ここに「生きる力」が加わったらどんなにすばらしいだろうと感じました。

広汎性発達障害と統合失調症の診断名がついています。

Cさんの場合は、「人の区別がつけられない」→「人間関係が、うまくいかない」→「自分のなかで解決できないイライラや不安が募る」→「統合失調症の発症」という経過をたどったようです。

一時期は、倉庫のようなところで、商品の仕分け作業の仕事をしていたようです。仕事そのものはそれほど苦痛ではなかったけれども、仕事上の人間関係がうまくいかず、約1年半で退職したとのことでした。

⑵就労移行支援事業所ってどんなところ？

①根拠となる法律

2006年4月に障害者自立支援法が施行され、それまで障害種別ごとに分かれていた福祉施設は、障害種別にかかわらず必要なサービスを利用できる事業体系に再編されました。この際に就労支援制度も再編されています。

2012年には障害者総合支援法が成立、2013年より施行されています。就労移行支援事業所もこの障害者総合支援法にもとづく事業所の1つです。

厚生労働省の資料によると、就労移行支援事業の対象者は「通常の事業所（企業等）に雇用されることが可能と見込まれる原則18歳以上65歳未満の身体・知的・精神障害者（難病も含む）」となっています。

同じく事業の概要は、「①生産活動、職場体験等の活動の機会の提供その他の就労に必要な知識及び能力の向上のために必要な訓練、②求職活動に関する支援、③その適応に応じた職場の開拓、④就職後における職場への定着のために必要な相談等の支援を行う」となっています。

利用期間は2年間と限られています（ただし、市町村審査会の個別審査を経て、必要性が認められた場合に限り、最大1年間の更新が可能です)。

事業を利用するには、居住する市町村への「受給者証の申請、認定調査、受給者証の交付を受けること」が大前提となります。

就労移行支援事業所のほとんどが株式会社で、「当事業所は一般企業への就職率90%!」「昼食代サービス!」など、気持ちがそそられる文言や写真が並びます。全国に2952事業所、利用者数は2万8637人(いずれも国民健康保険団体連合会〈国保連〉データ、平成27年2月現在)となっています。

②A事業所の実践

1つの実例として、私が勤務するA事業所の利用までの流れ、1日の流れを紹介します。なお、プログラムの内容など詳細は事業所ごとに違います。

事業所への照会元は、特別支援学級の就職担当の先生や、特定相談支援事業所(障害者のケアプランを作成できる事業所)の相談支援専門員、家族、本人自身などさまざまです。照会があれば、まずは見学してもらうことが利用への第1歩です。

見学、事業所概要の説明などと並行して、本人や家族の状況を職員が把握していきます。見学・数日間の体験利用を経て本人の「通ってみたい」という意思が確認できた場合に、A事業所との契約を結び、正規利用が開始されます。この期間は人によってさまざまですが、数日から概ね2か月程度の時間をかけています。

A事業所はT市内、私鉄の駅から徒歩5分ほどで通えるとても便利な立地です。「通い続ける」という課題をクリアするためには、「便利な立地」は大切な条件の1つです。施設はエレベーターのあるビルの1室で、大きな窓と白い壁には、利用者によって造花などがセンス良く飾りつけられています。

午前10時から朝礼で、午前中の作業が始まります。作業はパソコン（ＭＯＳ講座の講習や自主的な文書作成など）、内職などの軽作業で、利用者の希望も取り入れながら3グループ程度に分かれて行っています。最近、近隣のマンションの清掃作業も加わりました。

正午から午後1時までは昼食休憩です。各々が好きなテーブルで、本人のペースに合わせてそれぞれ昼食を取ります。

午後1時からの昼礼後、それぞれ午後の作業に入ります。作業中の休憩時間は職員が決めるのではなく、利用者の体調に合わせて自主申告です。体調が悪いとの訴えがあれば、休憩室で休むこともできます。利用者の様子は職員がさりげなく見守っていますが、できる限り利用者のペースを最優先にプログラムを組み立てています。そのため、比較的ゆったりとした時間が流れています。

とはいえ、就労移行支援事業所としての役割は果たしていかねばなりませんから、必要に応じて個別面談を行い、言葉づかいやその場に合った服装、声の大きさなど、社会に出たときに必要なルールを伝えています。

また、さまざまな作業については、「人と接するのは苦手」「単純な軽作業ならできる」「単純な軽作業よりも、体を動かすほうが好き」など、利用者それぞれの特性をしっかりと見極めて、将来的に職業選択の自由が保障されるよう、職員が「作業の開拓」をしていくことも重要な課題となっています。

そのほか、利用者が少しでも楽しく過ごせるよう、月に1回程度はレクリエーションなどを企画しています。

職員は、介護支援専門員、社会福祉士、精神保健福祉士、介護福祉士、保育士など、基本的に社会福祉関連基礎職種の各資格を有しています。ただし、法的な規定は特にないため、職員の資格は各事業所によってさまざまです。

③利用料と工賃

利用料は原則としてサービス利用額の1割負担ですが、利用者本人の所得（配偶者がいる場合はその所得を含む）に応じて自己負担額の上限が決められています。

利用上限額の区分は4段階です。生活保護受給者と市町村民税非課税世帯は自己負担0円です。年収が概ね600万円以下の世帯の場合には「一般1」となり上限は月額9300円、それ以上の場合は、「一般2」となり上限は月額3万7200円となります（2017年12月現在）。

通所のための交通費は、自治体によって補助がある場合があります。そのほか、事業所によっては食事代の実費などが必要になる場合もあります。

工賃には法的規定がないため、各事業所によってさまざまです。なかには工賃がまったく出ないところもあるようです。

たとえばA事業所の場合、ほとんどの利用者は市町村民税が非課税のため利用料の負担はありません。工賃は1回につき約500円払われます。そのため小遣い程度の収入にはなります。

また、配偶者の収入によっては、利用料負担が工賃を上回るなどして「大変だ」という声もあります。「就労移行のための訓練施設」という意味合いを考えると、「基本的には就労収入がない人たちが通う施設」ですから、せめて利用料負担を心配せずに利用できればと思います。

(3)就労移行支援事業所の利用者

就労移行支援事業所を利用する人たちの障害種別は精神障害が主で、とりわけ（広汎性）発達障害の利用者が多くなっています。先の事例からもわかるように、大学や短大までは何とか卒業できていても、就労の段階でつまずいていている人が多く見られます。就労経験はあっても長続きしていません。

利用者を個別に見ると、何らかの能力でとても優れた面がありますが、対人関係がうまくいかなかったという特徴があるように思われます。「対人の関係性を築く力」の脆弱性に課題があると言い換えられるかもしれません。

それは、たとえば事業所のプログラムでSST（ソーシャルスキルトレーニング）を行うことがありますが、そのときの「登場人物」が両親や限られた数の友人など、範囲が非常に狭いことにも表れています（もちろん私には、そのことが決してマイナス点だとは思えません。ほかによいところがたくさんあるのですから……）。

加えて、事業所に「通ってくること、通ってきた後」の大変さを見ると、「定期的にルールに則って外出することと自体が困難」であり、その裏には「ひきこもりになるかもしれない」あるいは「ひきこもりだった」という問題も内包しています。

それでも、A事業所に通って来る人たちの姿を見ていると、職員や家族の支援を受けて少しずつ変化していることがわかります。それは「毎日、自分から通えるようになってきた」「ハローワークに自分から足を運べるようになってきた」などです。大切なのは、この「自分から＝自主性の芽生え」という点だと思います。これが「自分の人生の、自分が主人公だ」と実感するための第1歩ではないでしょうか。

たとえ株式会社が運営していようが、決して儲け本位ではなく、利用者の人権と主体性を尊重し、その人に合った職業や生きる空間をともに探していく、そして障害者への理解を雇用者側にも広げていけるような就労移行支援事業所が増えていくように、現場からも実践していかねばならないと思います。「主人公」を育てる貴重な実践です。

(4) 障害者の就労移行支援の今後の課題

障害者の就労移行支援の今後の課題について、私なりに考えてみます。

厚生労働省の資料によると、就労移行支援の利用者の障害種別については、身体障害者8%、知的障害者37%、精神障害者54%、難病対象者等が1%となっています（厚生労働省「就労移行支援に関わる報酬改定について：論点などより」2017年）。

国保連データ（2015年）の、2008年を100とした場合の「就労移行支援」利用者の「障害種別ごとの伸び率」を見ると、身体障害が160、知的障害が139であるのに対して、精神障害者は486と急激に増えています。

2011年7月29日に成立した「障害者基本法の一部を改正する法律」には、障害者について次のように定義されています。

第二条（略）

一　障害者　身体障害、知的障害、精神障害（発達障害を含む。）その他の心身の機能の障害（以下「障害」と総称する。）がある者であって、障害及び社会的障壁により継続的に日常生活又は社会生活に相当な制限を受ける状態にあるものをいう。

つまり、障害者施策のなかに「発達障害も含めた精神障害」が位置づけられたことを背景として施策活用の門戸が広がり、精神障害者の利用の急激な増加として表れたものと思われます。

このことは、制度改正による前進面と受け止められますが、一方で、精神障害者の1年未満での離職率が56%というデータも出てきています。「平成27年度版子供・若者白書（全体版）」の1年以内の離職率を見ると、中学卒業者で40・4%、高校卒業者で19・9%、大学卒業者で12・7%となっており（いずれも平成25年度）、精神障害者の離職率が高いことがわかります。

この「白書」には、ほかにも驚くべき数字が見受けられます。その1つは、非正規雇用率が15〜24歳で30・8%、25歳〜34歳で28%、全体では37・4%にのぼっていることです。もう1つは、この非正規雇用労働者の平均賃金が男性で年額210万〜230万円、女性で170万円〜190万円程度ということです。こうしたなか、将来への不安や過重労働の押し付け（いわゆるブラック企業）などから、実は新たに精神障害者が生み出されているという実態があることも忘れてはなりません。

若者がいきいきと働ける労働を実現させることによって、就労移行支援事業の本当の意味が、より明らかになるのではないでしょうか。しかし現状を見ると、たとえば利用期限が2年（場合によっては3年）と限られていること、職員の資格規定がないことから専門性が非常に低い事業所となっていることには、注意を払わなければなりません。本来は、精神保健福祉士や社会福祉士など相談援助の専門家の配置や、精神科医（主治医）との連携も重要な役割になってくると思われます。

また株式会社がほとんどのため、儲けに走れば、一般企業に就職しやすそうな人たちを優先し、本当に苦しみながら就労の場を求めている人たちが置き去りにされてしまう可能性も高いと思われます。

障害があってもなくても一人ひとりが大切にされ、主体性をもって生きることができ、誇りをもって働ける、そしてその職場に定着できるような支援が、ますます望まれているのではないでしょうか。

08

司法と発達障害

脇田慶和（脇田行政書士事務所）

２００５年4月に発達障害者支援法が施行されました。それまで発達障害という言葉は存在していましたが、知的障害がなければ障害とは認められていませんでした。それがこの法律で、知的障害のないＡＤＨＤ、ＬＤ学習障害なども障害と認められました。この結果、障害者手帳が交付、取得できて就職の支援なども受けられるなど、サポート環境は大きく変わりました。

同法は10年を経た２０１６年5月に一部改正され、発達障害者が裁判を受けるときや取り調べを受けた際に不利にならないよう、意思の疎通ができる手段を確保することが定められました。こうした流れを受けて検察、裁判所、警察等司法関係者は改善に努力しているものの、多少の問題点は依然として存在しています。

⑴事件・裁判例からの検証

①大阪教育大学付属池田小学校事件

この事件で逮捕された男性容疑者は、過去に何度か精神科病院に入院しており、統合失調症（当時の呼称として精神分裂症）の診断でした。

事件の2年前、被告は勤務先でお茶に薬剤を混入させた傷害事件で逮捕されましたが、簡易鑑定をもとに起訴猶予となり、措置入院は39日で解除されています。

当時の警察の調書では「犯行直前に精神安定剤を大量に服用」と供述しています。しかし病名への疑問が大きくなり、過去の事件で刑罰を免れるために精神病を装っていた疑いが浮上し、精神安定剤の服用も嘘と判明しました。そして裁判で、証人出廷したすべての精神科医は、当該被告人が精神病であることも過去に精神病であったことも否定しました。

過去に診断した医師らは、「以前の医師がつけていた病名に合わせた」「保険請求のための病名だった」などと証言し、結局は精神病ではなく人格障害であり、身勝手な犯行と判示された一審判決が確定し、死刑が執行されています。この事件から、精神科医の診断も、簡易鑑定に頼った検察の判断も、容疑者の供述も、そのまま信用してはいけないと考えるようになったのです。

また、この事件の影響は国の施策にもおよび、当時の小泉純一郎首相が「精神的に問題のある人が逮捕されても、また社会に戻ってひどい事件を起こす」などと発言したことをきっかけに政府は新たな立法に乗り出しました。検察の起訴便宜主義*の実態、精神医療全般の貧困という問題提起もなされましたが、2003年7月に心神喪失者等医療観察法を成立させました。

この法律は実質的に精神病を想定した制度で、人格障害も広義の精神障害に含まれますが刑事責任能力は肯定されました。

②長崎市で起きた中学生による男児殺害事件

2003年7月に発生した同事件では、専門家が2か月を要して精神鑑定を実施し、①パニックになりやすい、②対人共感性、対人コミュニケーション能力が乏しい、③母親を異常に恐れている、と分析する一方、アスペルガー症候群であると診断しました。

これらを踏まえて事件を担当した家庭裁判所は2003年9月、児童自立支援施設への収容を最長1年間の強制措置（鍵付きの部屋に収容）として認め、国立武蔵野学院に入所しています。

③滋賀県長浜市で幼稚園児2人を同級生の母親が殺害した事件

2006年2月に発生した同事件では、容疑者が以前、統合失調症の診断で入院していましたが、検察側は完全に責任能力があるとして起訴し、刑事裁判では死刑を求刑しています。裁判所は統合失調症の影響による心神耗弱を認め、無期懲役判決が言い渡されました。

(2)発達障害と犯罪捜査について

①事件捜査担当について（主に警察署）

(ア)生活安全課少年係捜査官

犯罪者が発達障害者で未成年の場合に対応します。

(イ)刑事課捜査官

犯罪者が発達障害者で成人の場合に対応します。

---

*起訴便宜主義＝公訴提起の条件がみたされているときでも、犯人の性格や犯罪の軽重などを考慮して、検察官の裁量により不起訴にすることを認める原則。（三省堂『大辞林』第三版）

(ウ) 検察官

右記(ア)、(イ)の捜査官が作成する調書、証拠資料にもとづき犯罪者（被疑者）を起訴するかどうかを判断します。

②事件捜査担当者に対する教養内容

発達障害者支援法にもとづき、事件捜査担当者を含む全職員に、次に項目のテキストなどを活用して適宜講習会を開催し、捜査対象者が発達障害者の場合の対応策を講じています。

(ア) 発達障害は生まれつきと特性で、病気とは異なります。
(イ) 自閉症スペクトラムについて
(ウ) 注意欠如・多動性障害（ＡＤＨＤ）について
(エ) 学習障害（ＬＤ）について
(オ) 自閉症スペクトラム障害の症状について
(カ) 注意欠如・多動性障害（ＡＤＨＤ）の症状について
(キ) 学習障害（ＬＤ）の症状について

＊それぞれの症状については第３部２０９ページ参照

(3)少年犯罪と精神疾患についての歴史的経緯

少年犯罪と精神疾患については、歴史的に次のような変遷経緯が見られます。

まず、第二次世界大戦終戦から1970年代までの時代に少年犯罪と関係づけられて語られた主な精神疾患は、精神分裂病、精神病質、精神薄弱、ノイローゼなどが挙げられます。

次に、1990年代以降で少年犯罪と関係づけられて語られた主な精神疾患は、行為障害と発達障害が挙げられます。

1990年代以降の少年犯罪の医療化の背景には、第1に精神疾患が指摘されやすい普通の子による少年犯罪が問題化したこと、第2に教育問題までも包含する精神疾患として、行為障害と発達障害の概念が挙げられます。

⑷精神障害者に対する偏見とその背景について

日本に存在するさまざまな偏見・差別のなかでも、精神障害者に対するものはいまなお根強いものがあります。こうした感覚は捜査関係者のなかにも存在することに注意する必要があります。

その見方には、次のようなものがあります。

①こわいという不安感・恐怖感、他人に危害を加えるという見方
②劣っているという人格・能力の否定で、重くて治らない病気という見方
③少数の人たちという特殊視で自分たちと関係のない世界という見方

(5)社会的偏見の発生する要因

社会的偏見の発生する要因として、次のような点が挙げられます。

まず、病院への隔離収容主義は、鉄格子のはまった病棟に患者を閉じ込めることが、危険な存在だからという見方につながっていきます。

次に、隔離収容の結果として一般市民との接点が乏しくなります。直接知らない、よくわからないものに人間は不安を覚えるようになります。

さらに、法律と行政による差別が存在し、病棟の職員配置基準に残る精神科特例、ほかの障害分野と比べた福祉施策の遅れ、各種の欠格条項が挙げられます。

加えて教育の不足で、学校にはそもそも医学の体系的な教育がありません。精神障害は若いときに発症が多いものですが、まともに教えていません。

(6)発達障害による犯罪の量刑

発達障害は生まれつきと特性で、病気とは異なります。

この特性に留意し、捜査担当者は理解して発達障害者を適正に取り調べ、鑑定などの資料にもとづいて適正な量刑判断がされることが望ましいのですが、犯罪行為の違法性の後に行われる「責任能力」の判断については、すべてが無罪とはならないことに注意が必要です。

①発達障害による犯罪行為の責任能力

発達障害の諸症状に起因して人を殺傷したような場合、責任能力は基本的には否定されません。裁判において精神科医の診断、簡易鑑定は発達障害の判断材料となりますが、責任能力が認められた場合は有罪となります。

ただし、発達障害の程度が次の②に示す心神喪失または心神耗弱状態であると認められた場合は、刑法第39条の規定にもとづき無罪または減刑される場合があります。

②心神喪失と心神耗弱との差異について

刑法第39条第1項の規定にもとづき、心神喪失者による犯罪行為に関しては責任能力が認められず、無罪となります。

心神耗弱者に行為についても刑法第9条第2項にもとづき減刑されますが、精神科医の診断、鑑定結果が重要な判断材料になっていることに変わりはありません。責任能力が法律で認められない点について上記①の発達障害者と異なります。

③未必の故意について

未必の故意とは、故意に上記心神喪失の状態になって犯罪行為を行う行為を言い、たとえ犯罪行為時に心神喪失状態であっても責任能力が認められる場合のことです。

たとえば、お酒を飲んだら前後不覚になり心神喪失状態になることがわかっていながら、またはそうなることを利用して人を殺傷するような場合を言います。

(7)今後の課題

①犯罪被害者対策

発達障害者支援法が施行されたことにより、発達障害者の人権は保障されることになりましたが、犯罪被害者が救われることにはなりません。

犯罪被害者給付金制度など、犯罪被害者に対する救済策はありますが、犯罪被害者家族の心情を理解し継続的に善処していく必要があります。

②犯罪捜査担当者の資質向上

発達障害者支援法を適正に運用していくためには、裁判所、検察、警察の各機関が法の精神を正確に理解することが不可欠です。そのためには適宜講習会などを開催し、周知徹底を図る必要があるでしょう。

③社会の理解を広める活動の展開

発達障害者を社会全体で理解していくように、各人が所属する各機関でまずは理解を深め、あらゆる団体・コミュニティーを経由して社会全体に理解を深めていく必要があります。

［引用文献］

日本精神神経学会「精神神経学雑誌」（２００８）１１０巻5号
日本犯罪社会学会「犯罪社会学研究」（２０１２）

第3部

発達障害の新たなとらえ方

研究者からの提起

01

発達障害は、いつからどのように問題になってきたか

藤本文朗（滋賀大学名誉教授）

(1) 私も発達障害か

私は研究者で70年近く障害児教育にかかわる臨床家です。

昭和30年頃カナーの自閉症のプレイセラピーに関わり、文献的にもカナーの論文（英語）をひもとき、ほぼ同時期に高機能自閉症と言われるアスペルガーの文献を読みましたが、自閉症に比べ、精神病質、変人といった理解で、精神科の外来に来る人もいませんでした。

ＬＤに関しては、知的障害を伴う自閉症などの教育権保障が日本で実現（１９７９年度）した後、１９８５年前後、文部省（当時）科研費グループに参加し、これから軽度障害児教育が問題になるとのことで、ＬＤの研究を初めて知りました。

２００５年に発達障害者支援法が親の力もあって成立、特別支援教育の対象とされ（後に詳述）、マスコミでも不登校、ひきこもり、時には若者の犯罪と関わって「気になる子」「手のかかる子」「不器用な子」として、発達障害という言葉が使われるようになりました。

私はわりあい自由な職場（大学）で「個性が強い」「変なやっちゃ」と言われていましたが、教授会で民主的に選ばれた役職をこなし、個性的ということで許されました。

しかし75歳頃になり、永年同じ研究室にいた小児科医（地方でいまでも年間３００人近く発達障害の診断をしている）から「先生は間違いなくＡＤＨＤ。私もですけど」と言われました。

そう言えば25歳頃に臨床心理学の仲間から「チョロチョロし過ぎ」と言われていたことを思い出します。小学校は学習不振児で生活綴り方、日記はよく書きましたが、赤字でよく直されました。研究者なので本や論文を書き、博士論文も１０００枚（４００字詰原稿用紙）書きましたが、ワープロ（他人にやってもらった）なので、いいカッコすれば中味でカバーして、ＬＤと言えばそうかも知れないと気づくこの頃です。アスペルガーと言われれば、「オマエは大学だから勤まった」と兄（会社のエリート）に言われました。そのほか、右左が直感的にわからず、自動車の免許は取れません。息子の2人は不登校とひきこもりでした。

言うならば、ＬＤ＋ＡＤＨＤ＋アスペルガーの代表的な、いや立派な発達障害とも言えます。いや「アクの強い」研究者、活動家、個性の強い発達障害と言えましょう。

しかし、個性か障害か、何％いるのか（文科省６～７％）、精神科医は時に30％とも言われていて、研究的課題は多いと思います。

しかし、現実に対応を考えると、

①軽度の障害か、個性強さで特別に「合理的配慮」のいる人。

②発達的に見て認知する機能にアンバランスがあり、よくできる面とできの悪い部分がある。

③１９８０年以の日本の社会（教育、職場）において日本国憲法第13条「すべて国民は個人として尊重される……」の理念が軽視される社会と関わっている。

など実感します。
いずれにせよ、多くの研究課題があり、当事者、家族、関係者が悩んでいる課題であり、〝個性〟として切り捨てることはできません。

①発達障害者支援法の目的

発達障害者支援法は、施行後10年を経て2016（平成28）年、障害者基本法の改正、障害者権利条約の批准などに合わせ改正されましたが、第1章の要旨は以下のとおりです（傍線筆者）。

「第1章　総則

(1)目的（第1条）…切れ目ない支援の重要性や、障害者基本法の理念にのっとり、共生社会の実現に資することを目的に規定

(2)発達障害者の定義（第2条）…発達障害がある者であって発達障害及び「社会的障壁」により日常生活・社会生活に制限を受ける者を発達障害者と定義

(3)基本理念（第2条の2）…発達障害者の支援は、①社会参加の機会の確保、地域社会において他の人々と共生することを妨げられないこと、②社会的障壁の除去に資すること、③個々の発達障害者の性別、年齢、障害の状態及び生活の実態に応じて、関係機関等の緊密な連携の下に、意思決定の支援に配慮しつつ、切れ目なく行なわれなければならないこと等の基本理念を新設

(4)国及び地方公共団体の責務（第3条）…発達障害者等からの相談に個々の発達障害者の特性に配慮しつつ総合的に応じられるよう、関係機関等との有機的な連携の下に必要な相談体制の整備を行うことを追加

(5)国民の責務（第4条）…個々の発達障害の特性等に関する理解を深め、発達障害者の自立及び社会参加に協力するよう努めることを追加
第2章　児童の発達障害の早期発見及び発達障害者の支援のための施策（略）
第3章　発達障害者支援センター等（略）
第4章　補則（略）」

かなり体系的法律です。法律が制度化され、国、地方公共団体も制度化され予算がつくこととなります。

②発達障害の法的定義

発達障害の法的定義は以下に示されています（傍線筆者）。

「（定義）
第二条　この法律において「発達障害」とは、自閉症、アスペルガー症候群その他の広汎性発達障害、学習障害、注意欠陥多動性障害その他これに類する脳機能の障害であってその症状が通常低年齢において発現するものとして政令で定めるものをいう。
2　この法律において「発達障害者」とは、発達障害がある者であって発達障害及び社会的障壁により日常生活又は社会生活に制限を受けるものをいい、「発達障害児」とは、発達障害者のうち十八歳未満のものをいう。
3　この法律において「社会的障壁」とは、発達障害がある者にとって日常生活又は社会生活を営

む上で障壁となるような社会における事物、制度、慣行、観念その他一切のものをいう。
4 この法律において「発達支援」とは、発達障害者に対し、その心理機能の適正な発達を支援し、円滑な社会生活を促進するため行う個々の発達障害者の特性に対応した医療的、福祉的及び教育的援助をいう。

（本条の趣旨）

本条は、本条の用語の定義を規定している。

（第1項）

本法において「発達障害」とは、①自閉症、アスペルガー症候群その他の広汎性発達障害、②学習障害、③注意欠陥多動性障害、④その他これに類する脳機能の障害であってその症状が通常低年齢において発現するものとして政令で定めるものをいう。


政令では、脳機能の障害であってその症状が通常低年齢において発現するもののうち、言語の障害、協調運動の障害その他厚生労働省令で定める障害を規定している（発達障害者支援法施行令第1条）。そして、省令では、心理的発達の障害並びに行動及び情緒の障害（上記の障害を除く。）を規定している」この定義を厚生労働省作成資料で多少わかりやすく図式化したものが図です。

多少この分野に関わった人は①高機能自閉症（アスペルガー）、②学習障害（上記の図表の説明参照）、③注意欠陥多動性障害、④トゥレット症候群などですが、①②③は一般的に理解されやすく、法的にまとめて発達障害と言えましょう。

③発達障害者支援法をめぐる動き

この法律の成立過程など、資料を分析することとします。

●教育権保障の運動と実践の成果の上に

この法律は議員立法により成立しました。親が立ち上がり、議員、厚生労働省のバックアップで成立したことは評価すべきことです。

1979年度の国民の運動は障害の重い人々の教育権保障でしたから、軽度の障害、発達障害については十分配慮がなされず、いわば個性の範囲として軽視されていたと言えます。しかし、知的障害を伴う自閉症の教育など教育権保障の運動と実践の成果を背景として、発達障害にも目が向けられ制度化されたとも言えましょう。

●親の気持ち

しかし、発達障害のある子どもの親の気

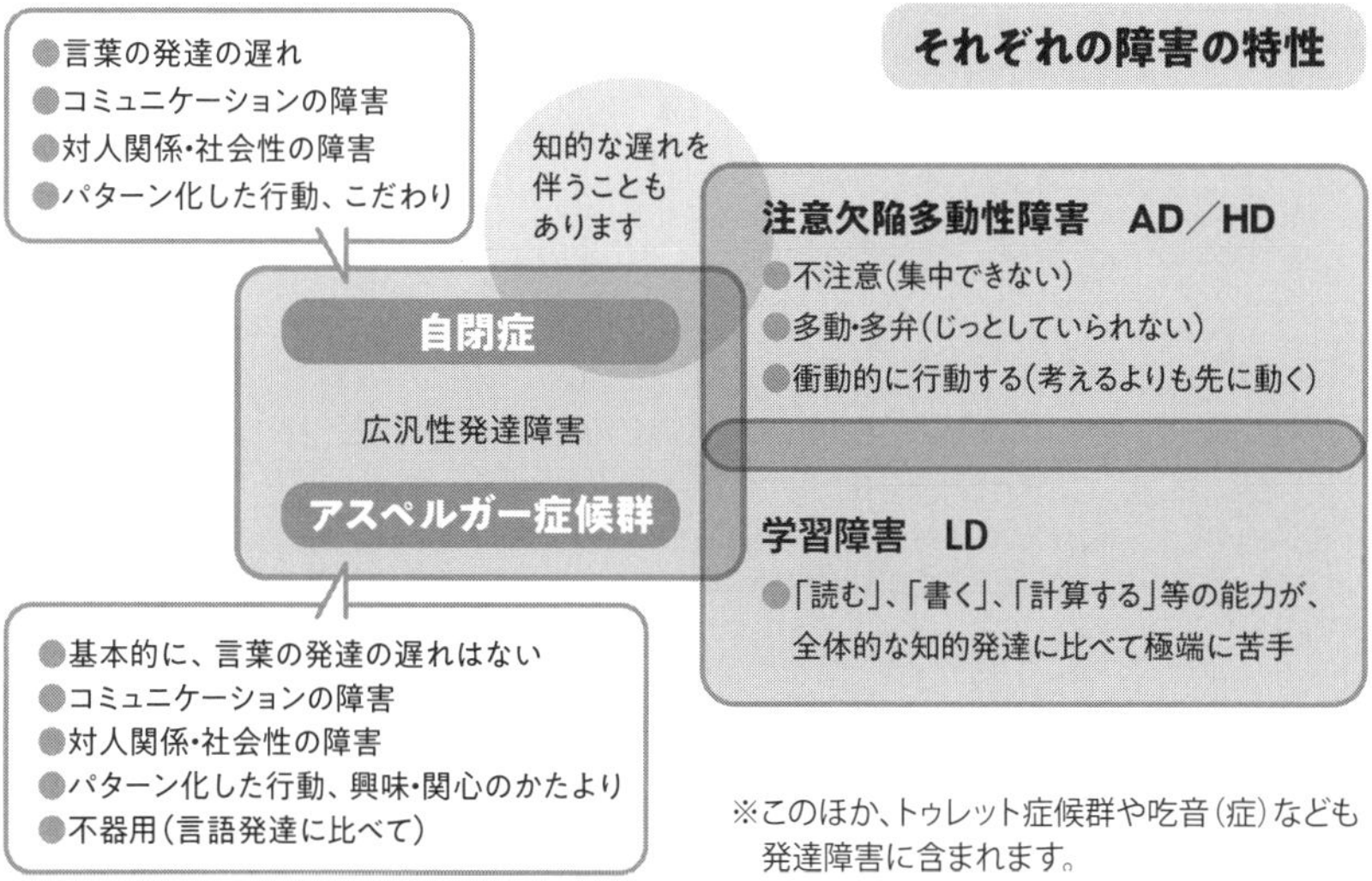
それぞれの障害の特性
●言葉の発達の遅れ
●コミュニケーションの障害
●対人関係・社会性の障害
●パターン化した行動、こだわり
知的な遅れを伴うこともあります
自閉症
広汎性発達障害
アスペルガー症候群
●基本的に、言葉の発達の遅れはない
●コミュニケーションの障害
●対人関係・社会性の障害
●パターン化した行動、興味・関心のかたより
●不器用（言語発達に比べて）
注意欠陥多動性障害　AD／HD
●不注意（集中できない）
●多動・多弁（じっとしていられない）
●衝動的に行動する（考えるよりも先に動く）
学習障害　LD
●「読む」、「書く」、「計算する」等の能力が、全体的な知的発達に比べて極端に苦手
※このほか、トゥレット症候群や吃音（症）なども発達障害に含まれます。

（政府広報オンラインからダウンロードしました。
https://www.gov-online.go.jp/featured/201104/contents/rikai.html）

持ちとして、軽度といえども時として学校、地域、職場でいじめやネグレクトなどの対象になり、「少しの配慮で発達できるのに」との不満が増大していると言えます。

ある自閉症児の父親の「ウチのはアホ（知的なおくれのある子）と違いますからね」という発言が思い出されます。発達障害と診断のついた人も「〝空気が読めない〟人とされる」と嘆いている声をカウンセリング中に聞きます。

とりわけブラック企業と言われる公教育の現場で、30人以上のクラスの一人ひとりの子の〝特別な配慮〟が難しく、ともに育つ教育集団からはみだす子どもを前に、「家庭教育が悪い」と言う教員もいます。

そんななかで、発達障害と診断され、脳の機能障害と言われ、少し肩の荷が軽くなるという親の声も聞くことが多いのです。

●対応に遅れを取る文部科学省

一方、この法律によって2008年より学校教育法の改正で「特殊教育」が「特別支援教育」に変わり、その対象に発達障害が加わりました。

そのためもあって、文部科学省も発達障害の調査を行いました。同省は通常学級にいる発達障害がある子どもの割合を6~7%と言っていますが、正しくは「発達障害の可能性のある人」で、表1に示すように7.7%です。

全体として文科省は対応に遅れを取っていると言えましょう。ケースを通して後述しますが、特別支援学級の先生が対応することが多いので、通常学級の先生が文科省の研修を受けただけではわかりにくいと言えましょう。

●学会関係の混乱

しかし、学会関係は混乱しています。会員が1万人と言われるLD学会は、発達障害の一部として理解が広がっているようです。同じ現場の教員が中心の日本発達障害学会（会員約二千人。1966年設立）は、1979年に発達障害の用語を使用しました。ここに知的な遅れのある子どもも含まれています。

しかし、日本自閉症協会、日本発達障害ネットワーク（市川宏伸代表）が全体をまとめていると言えましょう。

●法改正と災害時の支援

2004年（平成16年12月3日）の改正で発達障害児の社会的障壁について討議が深まるなかで、災害時のことが取り上げられたことは意義深いことです。次ページの資料は具体的な参考になると言えましょう。

表1　文部科学省「通常の学級に在籍する発達障害の可能性のある特別な教育的支援を必要とする児童生徒に関する調査」（2012年12月結果報告）

児童生徒の困難の状況

●学習面又は行動面で著しい困難を示す	6.5%
●学習面で著しい困難を示す	4.5%
●行動面で著しい困難を示す	3.6%
●学習面と行動面ともに著しい困難を示す	1.6%

学年別集計

●小学校	7.7%	●中学生	4.0%
1年生	9.8%	1年生	4.8%
2年生	8.2%	2年生	4.1%
3年生	7.5%	3年生	3.2%
4年生	7.8%		
5年生	6.7%		
6年生	6.3%		

災害時の発達障害児・者支援について

被災地における、発達障害のある人やご家族の生活には、発達障害を知らない人には理解しにくいさまざまな困難があります。

そんなとき、発達障害児・者への対応について少しでも理解して対応できると、本人も周囲のみんなも助かります。

対応のコツ

★発達障害のある人は、見た目では障害があるようには見えないことがあります。対応にはコツが必要です。
コツの探し方：家族など本人の状態をよくわかっている人にかかわり方を確認しましょう。

こんな場合は…	このように対応…
■変化が苦手な場合が多いので、不安から奇妙な行動をしたり、働きかけに強い抵抗を示すことがあります。	●してほしいことを具体的に、おだやかな声で指示します。 例：○：「このシート（場所）に座ってください。」 ×：「そっちへ行ってはダメ」 ●スケジュールや場所の変更等を具体的に伝えます。 例1：○：「○○（予定）はありません。□□をします。」 ×：強引に手を引く 例2：○：「○○は□□（場所）にあります。」 ×：「ここにはない」とだけ言う
■感覚刺激 過敏：周囲が想像する以上に過敏なため、大勢の人がいる環境が苦痛で避難所の中にいられないことがあります。 鈍感：治療が必要なのに平気な顔をしていることもあります。	●居場所を配慮します。 例：部屋の角や別室、テントの使用など、個別空間の保証 ●健康状態を工夫してチェックします。 例：ケガの有無など、本人の報告や訴えだけでなく、身体状況をひと通りよく見る。
■話しことばを聞き取るのが苦手だったり、困っていることを伝えられないことがあります。	●説明の仕方を工夫します。 例：文字や絵、実物を使って目に見える形で説明する 一斉放送だけでなく、個別に声かける 簡潔に具体的に話しかける 例：○：お母さんはどこですか？ ×：何か困っていませんか？
■見通しの立たないことに強い不安を示します。学校や職場などの休み、停電、テレビ番組の変更などで不安になります。	●安定したリズムで日常が送れるように、当面の日課の提案や、空いた時間を過ごす活動の提示が必要です。 例：○：筆記具と紙、パズル、図鑑、ゲーム等の提供 ○：チラシ配りや清掃などの簡単な作業の割り当て ×：何もしないで待たせる
■危険な行為がわからないため、地盤のゆるいところなど危ない場所に行ってしまったり、医療機器を触ってしまうことがあります。	●ほかに興味のある遊びや手伝いに誘う。 ●行ってはいけないところや触ってはいけない物がはっきりとわかるように「×」などの印をあらかじめ付ける。

ご家族のかたへ

★子どもは、他人に起こったことでも自分のことのように感じることがあります。さらに発達障害がある場合には、想定以上の恐怖体験になってしまうこともあります。子どもには災害のテレビ映像などを見せずに、別のことで時間を過ごせるような工夫をすることが必要です。

★災害を経験した子どもは、災害前には自分ひとりでできていたこともしなくなったり、興奮しすぎてしまうことがあります。発達障害がある場合でも、基本的には子どもの甘えを受け入れてあげるのがよいでしょう。叱ったりせず、おだやかな言葉かけをしながら、少しずつ子どもが安心できるようにすることが大切です。

出典 発達障害の支援を考える議員連盟『改正発達障害支援法の解説』ぎょうせい、2017年、p.247（上記資料は発達障害情報・支援センター（http://www.rehab.go.jp/ddis/災害時の発達障害児・者支援について/）より大阪府版をダウンロードしました）

⑵私が相談に関わった3人のケース

①職場で「発達障害だ」と言われた男性にカウンセリング

10年あまり前、近所のお母さんから「息子がサービス業の店長から〝対応がよくない。発達障害だ〟と言われ、困っています。本人のカウンセリングをしてください」と頼まれました。

そこで本人が週1回夜、私の自宅に通う形でカウンセリングをしました。1回3時間です。いろいろ話し合い、1年弱で福祉関係の仕事につきました。その後結婚もしています。

若者のカウンセリングは、導入に30分、ロジャース（Rogers）流の相談者中心のカウンセリングで1時間、多少の飲み食い30分と計2時間、無料で行っています。ほかの場合も、相談活動は本人の時間が許せば同じスタンスで、本人が話すなかで心のわだかまりを解きほぐして、自らの解決の方向を見出すのを支援するのがねらいです。

次は10年たったいま、本人から届いた一文です。

恵まれた家庭。三十路を少し過ぎた今思えば、私が生まれた環境はそう言えるだろう。両親がいる家庭。暴力を振るわれるでもなく、罵言雑言を言われるでもなく、適度な愛情の中、私は祝福されながら生まれたのだろう。生まれた時の記憶はない。物心ついたのは、幼稚園児のころだろう。よくふざけて他人や自分に傷を負わせてしまっていた。思慮も考察もなく、ただの好奇心によって被害を生む存在。テレビでは幼児を怪獣に例えることもあるくらい一般的なことなのだろう。

人間関係で悩まされたのは、小学校に入ってからだ。いじめを受けた。中学生になっても、人間環境が変わることもなく続いた。友人から、地元から少し離れた私立の高校を紹介してもらい、両親に相談した。私立のため、お金はかかる。私のためにその高校に進学させてくれた両親には感謝してもしきれない。いつまでも、あると思うな親と金。親孝行しなければ……。

高校卒業後、ある会社に就職できたのはいいものの、学生気分が抜けきれず半年で退社。その後も、バイトや中途採用を繰り返し、いろんな職場を転々としていた。

そんな中、あるバイト先で店長が「発達障害ではないか?」と私に言ってきた。しかし、私はあまりショックを受けることはなかった。なぜなら、その店長が「良かれと思って話した」ことを理解していたからだ。力およばず、良き上司に恵まれたバイト先をクビになり、再び無職となった。

ある先生に紹介していただいた福祉関係の仕事についたが、契約期間は一年。満期になろうというところで、福祉の仕事で知り合った役所の方に勧められた社会福祉法人に勤めている。もう10年近くになる。勤務年数最長記録更新中である。

実家を出てもう8年になるだろうか。仕事で辛いことや、疲れることがあっても、家に帰れば「おかえり」と言ってくれる人がいる。

結局、人間に必要なのは「愛」なのだと、毎日思い知らされる。

この一文は〝すばらしい〟のひとことにつきます。私もうれしく、いまのサービス業の厳しさと、コミュニケーションの難しさを思いました。家族の愛が何よりです。私もこの一文に癒されると同時に、発達したように思います。

この一文の最後に、「愛」について述べられていることに感動せざるを得ません。

一方、教員養成にかかわった私として、反省することもあります。OECDで当たり前になっているGNP6%の公教育費に対して、日本は3~4%しか出さない(すべてのOECD34か国で最下位)政府に憤りを感じます。「金を出さず、口ばかり出す」政府は憲法の精神を守れないと言えましょう。まずは一クラス25人以下の学級にすれば、いじめ、不登校、発達障害は減少するでしょう。

こんな状態の公教育が続く限り、日本の未来へと同時に上記の一文の結果得られた個別対応、合理的配慮のなかで未来につながる社会への光を探していくことと言えましょう。

②教師の理解が求められる

小学1年生の女の子のことで母親から相談を受けたケースです。学校での娘の対応を2週間に1回、電話などで2年余り支援してきました。

母親によると、女の子が4歳のときに小児科の先生から発達障害だと言われたそうです。母親は娘が発達障害であると理解して受け入れ、通常の学級に行きつつ、特別支援学級にも行っています。相談の主旨は、学校生活をうまく過ごせるため母親は何をすべきか教えてほしい、とのことでした。

女の子は3月生まれです。2400gで正常分娩でした。3歳まで団地にいて、友人が少なかった（1歳下の男の子あり）そうですが、一戸建ての住宅に引っ越すと、前の公園で多くの友人と遊ぶようになったそうです。

女の子ははしゃぐようになり、友人の体に触れて相手がびっくりするなどの行動と、「チック」と「どもり」が出たといいます。母親が見て「育ち」に問題があると感じ、3歳児検診で知能テストを受けたところ、対人関係などの項目にアンバランスがあると指摘され、さらに発達障害と言われて、特別支援学級に通級したとのことです。

母親としてつらかったのは、支援学級に行っていることで同級生から「おまえはバカ」と言われたこと。本人は「バカ」と言われても気にしていないようですが、母として悲しかったとのことでした。

学校では、国語の漢字（ひらがなから）テストで答えを先に書くと、先生に「まず自分の名前を」と注意され、次の時間のテスト（理科）は白紙で出すなどパニックになったことがあった、とのことでした。

私としてのアドバイスは左記のことでした。

㋑その子のいいところはほめること。注意すべきことは、母親として時間をつくり、落ち着いてゆっくり話す努力をすること。

㋺担任の先生との毎日の連絡帳には「いつもお世話になっております。感謝しています。私の子はよくご存じと思いますが、発達障害なのでお忙しいと思いますが、気をつかってください……」と先生をほめること。そして、この子に特別な配慮を（ときどきに応じて）具体的にお願いしてはどうか。

この結果、いまのところ学校でのパニックは少なくなっているようです。

私の反省としては、教員養成に携わりながら、発達障害などについて教える場がなかったことです。いまの現場の先生は、教育委員会の研修（座学）で学ぶ機会がある程度で、学校で具体的にどう対応するのか、学び合い考える時間もないかもしれません。ですから、前述のように親が先生のプライドを大切にして、「こうしてほしい」と頼むしかないと言えます。

2019年度から教職の単位に「特別支援教育」が加えられ、教師となる人は最低1単位90分×8回とはいえ学ぶことになります。一歩前進ですが、発達障害の理解のために90分×2回程度とは厳しく、心許ないと言えましょう（S大学は2019年度入学生からで2回生前期2単位とのこと）。まして実習的なものはなく、見学程度でしかなく、発達障害の理解と支援は無理と言えましょう。

現実には、医師、相談者、親、研究者の協力で教師がその子に対応できる体制をつくるべきであると言えましょう。そのためにも小学校では25人以下の学級への財政的保障をすべきです。欧米では当たり前、韓国でも少しずつ取り組まれています。

子どもたちの「間違い、わからない」は、授業の〝宝〟と考える教師集団が求められると言えましょう。

③ひきこもり対応に特効薬はない、されど……

私たちが2015年『ひきこもる人と歩む』(新日本出版社、2015年)を出版し、最後のページに次の一文を添えました。

「※この本へのご意見、ご質問、相談などについては、文書にて出版社を通してお寄せいただければ、編者・執筆者の協力・分担で、誠意を持ってお答えさせていただきます」

これを見た相談です。叔父にあたる人からで、主として電話、手紙のやり取りをしているケースです。

「36歳の甥は、2014年3月に脳内出血で倒れました。現在は左半身が不自由となっています。ただ、杖をつきながら外出は可能です。

4か月位の入院生活の後は、自宅で生活を送っています。人には向かってこないものの、部屋、物品等の破壊行為(退院後の自宅で発症)は止む気配がありません。妹は、素人考えで発達障害と思っているようです。

コミュニケーション面では、自分で探した血圧の薬を処方してもらっている開業医ただ一人だけのようです。両親とは会話が全くありません。社会的に孤立状態にあります。かと言って、甥が孤立状態から脱出するために、誰かと出会えるよう紹介することができる人物は誰もいないのです。

質問●左記のようなことを可能にしてくれる方法を知りたいです。

・甥にカウンセリングを施してくれる人との出会い
・苦しんでいる甥を診断してくれる専門医との出会い
・甥と同じような立場に立っている人との出会い
・甥の社会的価値を発見してくれる人との出会い
・甥と言葉を交わしてくれる人との出会い
・その他必要な人との出会い

少しこれまでの経過を述べます。

家族は４人（両親、次男）、本人は大学を出て、芸人をめざして東京に出たもののうまくいかず、ひきこもりになりました。

親はあわててインターネットでPRしている〝ひき出し屋〟に頼み、５００万円支払いました。「治してあげる」と言われ、無理やり家から連れ出しましたが、うまくいかず、本人は抜け出して家に帰って来ました。その結果、親への不信が募りだし、お金も返って来ない契約になっていたそうです。いろいろ地域の相談機関を紹介しましたが、先の手紙の状態です。特効薬を求めてすがる気持ちはわかりますが、悪徳業者に引っかかっただけでなく、親子関係が最悪になってしまっています。

時間がかかるケースで、〝待つ〟ことのアドバイスしかできていません。親は息子がなんとか変わることを考え、いろいろ働きかけていますが、受けつけません。

親が変われば（自分の問題と考え）とアドバイスしていますが、その方向に多少向かいつつあると言えますが、本人の主体的行動を待つことしかないと言える難しいケースです。

(3)発達障害は日本社会がより拡大させていると言えないだろうか

発達障害という言葉は今日、日本の社会の日常会話で使われるようになったとも言えます。マニュアル的な本も多く、インターネットやSNSによって発達障害の情報はすぐに手に入ります。育児に悩む親が「うちの子も発達障害ではないか」と思い、保健所や病院の小児科を訪れるケースが多く、関係学会でも「発達障害バブル」と言う言葉がとび出すほどです。

しかし前述したように、「障害」なのか「個性」なのかグレーゾーンが多く、一人ひとりの生育歴、環境などを総合的に分析して、医療、福祉、教育の関係者の協力体制なしには、診断、投薬で対応すべきではないと思われます。

発達障害の概念や診断基準（ICFなど）は、アメリカなどのマニュアルが日本でも参考になっています。河野勝行氏（『WHOの「国際障害分類」を読む』文理閣、2002年）が早くから指摘しているように、この基準をつくる過程で製薬会社が関わっていて、医師が忙しいこともあり、時として容易に発達障害→投薬となる場合も多いと言われています。左記の記述はそれを示しています。

子どもの権利条約市民・NGO報告をつくる会編「日本における子ども期の貧困化——新自由主義と新国家主義のもとで〈日本語版〉」2018年、パンフレットでは以下のように述べています。

「医療経済研究機構（IHEP）が2015年に発表した調査「子どもへの向精神薬処方の経年変化に関する研究」をみると、18歳以下の精神科の受診者は2002年の9万5千人から2008年の14万8千人に増加している。向精神薬の処方も増えるかで顕著なのは、ADHD治療薬の処方件数で6~12歳で1・84倍、13~18歳では2・49倍に増えている。13~18歳では種類の異なる向精神薬を併用するケースが全体の半数を超えている（欧米では6～19％）」

「家でじっとしていない、多動（ＡＤＨＤ）であるという3歳の幼児にもコンサータ（メチルフェニデート塩酸塩）が処方され、遊び足りなくて夜なかなか寝ない子どもには、睡眠薬やリスパダールなどの向精神薬が処方されるケースがある。

ＡＤＨＤの子どもに処方されるコンサータは薬の添付文書に「6歳未満の幼児に対する安全性は確立していない」と表記されている。「副作用の発現率は小児の場合80％以上ある」とも記述されている。主なものに食欲減退、不眠症、体重減少、頭痛、腹痛、悪心、発熱などがあげられている。多岐にわたる副作用があるにもかかわらず、子どもへの薬物療法を行っている医師は73％、就学前から39％、小学校低学年からが36％という報告がある（国立精神神経医療センター、中川栄二調べ、２０１１年）。脳の働きの機能的障害と言われる発達障害と生活環境や養育方法に起因する子ども像との判別は難しく、誤診断・誤処方とともに幼児への薬物療法が容易に広がっていくことに警鐘を鳴らす必要がある」

「発達障害バブル」をつくり、製薬会社も潤い、副作用で子どもの発達さえ脅す場合があるのです。

上記のパンフレットは小学校教育の実態と関わって次のように述べています。

「6歳の子どもたちは、新入学時から椅子に座って1コマ45分、1日4～5時間の教科学習が始まる。休み時間は5～10分、昼食は15～20分ほどである。それに加え、幼稚園・保育園での無理な登園共生の経験で心に傷を負っている子どもたちは、新しい環境に緊張が強く教師の厳しい指導やいじめにあうと不登校になりやすい。

小中学校では休み時間が削られ、遊びに制限がつき宿題も多く、放課後の塾習い事で遊びの時間を奪われストレスをためこみ苛立っていく子どもたちが多い。小学校低学年でも教室が荒れ、学級崩壊前夜のような状況が出現し、いじめなどが多発する。そんな中で、学校の教育環境を検証することなく、クラスの荒れの中心になって動く元気のよい子どもたちはADHDを疑われ、担任やスクールカウンセラーから医療機関をすすめられるケースがある」

また、先述のケース①のように、職場（とりわけサービス業）で「君、発達障害ではないか?」と言われ、退職せざるを得ない厳しさは、学校教育以上です。いまや「共生社会」「インテグレーション」の言葉が叫ばれるなかで、上記の実態がある矛盾をどうすべきかが問われています。

基本的には、日本国憲法第13条「すべて国民は個人として尊重される。生命、自由及び幸福追求に対する国民の権利……最大の尊重を必要とする」を、国や地方自治体が正しく理解（とりわけ財政的に）していないことが問題です。現実的に私たちは、発達障害と言われる人に対して、合理的配慮をしなければならないと思います（既述の相談活動）。

糸賀一雄の言葉に「この子らが世の光に」がありますが、「この子ら」のなかに発達障害が入ると言えます。憲法を国民の暮らしに生かせば（財政的）発達障害は個性となるといえないでしょうか。

例えば、2018年度の京都市（人口147万人）で福祉関係予算は、7300万円（そのうち国が1300万円の補助予定）と極めて少ない状況です。これに教育関係予算は含まれていません。

このように発達障害は日本の公教育のなかでつくり出されているとも言えないでしょうか。

02

障害のある子どもの家族支援

竹澤大史（和歌山大学教育学部講師）

障害のある子どもの家族は、育児を通して、ほかの家族では得難い貴重な経験を積み重ね、喜びや満足感を感じる機会が多くあると思われます。同時に、日常生活のさまざまな場面において、子どもの発達や教育、生活に関連する困難や不便な経験を通して、不安や悩みを抱える機会が多いと予想されます。

こうした家族が安心して暮らせるようになるためには、どのような支援が必要でしょうか。

障害者基本法や発達障害者支援法は、国や地方公共団体が、障害のある子どもの家族のために、相談活動や情報提供、権利保護などの取り組みを行い、家族同士の支え合いを支援することを規定しています。また厚生労働省（2008年）の「障害児支援の見直しに関する検討会報告書」では、障害のある子どもの発達支援とともに、子どもにとって最も身近な存在であり、「子どもの育ちの基礎」となる家族に対し、保健、医療、福祉、教育、就労などの領域の支援者が、子どもと家族のライフステージを通じた支援を提供することの重要性が指摘されています。

障害のある子どもの家族への支援は、間接的に子どもの発達や成長に大きな影響を与えるという意味でも重要です。子どもにとって最も身近で長い時間をともに過ごす家族への支援を充実させることは、子どもの発達や学習の機会を保障し生活を豊かにすることにつながります。

本章では、障害のある子どもの家族の支援のニーズやあり方について概観し、特に発達障害のある子どもの家族への支援について具体的な内容や方法を紹介し、今後の課題について検討します。

(1) 障害のある子どもの家族の役割や立場の変遷

親は子どもの保護者であり養育者ですが、障害のある子どもの親は、子どもの最も身近な支援者としての役割をも求められるため、他の親よりも負担や重圧を感じる機会が多いことが伺えます。

障害のある子どもの親の立場や求められる役割は、社会のあり方や時代によって変化してきました。Turnbullら（2015年）は、米国における障害のある子どもの親の立場や役割の歴史的変遷について、以下のようにまとめています。

1880年代から1970年代にかけて、優生学にもとづく施策の影響により、子どもの障害の原因や問題は親に帰属させられました。また親は専門家にとって対等なパートナーではなく、専門家からの助言や決定に従う存在でした。

一方、1930年代から1950年代にかけて、親たちは自助グループをつくり、仲間とともに必要なサービスを求めて活動を続けました。

1950年代から1970年代にかけて、親はより主体的に子どものために活動するようになり、子どもの指導者や権利擁護者としての役割を担うようになりました。

1975年以降、親は子どもの教育の意思決定者として位置づけられ、1980年代になると、「家族を中心としたアプローチ（family centered approach）」が提唱され、家族が強みを活かし主体的に社会参加できるようエンパワーすることの重要性が指摘されました（レアル、２００５年）。

この「子・親から家族へ」「専門家から家族へ」という視点の転換は、「包括的な家族支援」「対等なパートナーとしての専門家と家族の関係」という現在の家族支援の考え方の基礎になっています。

⑵家族による障害のある子どもの理解と受容

親や家族が障害のある子どもの発達や障害の特徴を理解し受け入れることは、容易ではありません。障害受容の過程は、初期の研究において、ショック、悲哀、悲しみと怒り、適応、再起という順番に進むという段階的なモデル（Drotar ら、１９７５年）や、親は内面に「絶えざる悲しみ（chronic sorrow）」を抱えており、子どもや家族のライフイベントによって繰り返し表面化するという「慢性的悲哀」説（ヤングハズバンド、１９６８年）によって説明されました。

しかし、障害受容の過程は子どもの障害の種類や特徴、親の考え方や家族の状況などによって異なり多様であること、また障害受容がすべての家族にとって望ましい目標であるという認識では親や家族の気持ちを理解し支援することはできないこと、などが指摘されるようになりました。

中田（１９９５年）は、親が子どもの障害を肯定する気持ちと否定する気持ちが表裏一体となって、子どもや家族のライフイベントによって見え隠れするという「らせん型」モデルを提唱し、従来の考え方では説明が難しかった発達障害のある子どもの親の障害受容の過程を説明しました。また中田（２００２年）は、「障害受容はきわめて個人的な問題」であり、「障害を認識する過程はそれぞれの家族がそれぞれのペースで進めていくべきもの」とし、「家族が主体的に子どもの障害に取り組めるように、専門家としての認識と努力が必要」と述べています。

⑶家族支援のニーズ

障害のある子どもの家族に適切な支援を提供するためには、家族の負担感や困難感などについて理解し、支援のニーズを把握する必要があります。

障害のある子どもの親は、親としての役割や障害受容に対するプレッシャーから、ほかの親よりも不安感やストレスを感じやすいと言われています（Boyceら、1991年）。

親の不安感やストレスの要因として、子どもの障害の特徴や、親の身体疲労、障害に対する夫婦間の認識の相違などが挙げられます（中田、2002年）。親の不安感やストレスの度合いは、子どもの診断告知、就学、進級・進学、就労などのライフイベントや将来への不安を契機に、また支援者や支援機関から適切な支援がなされない場合にも、高まると考えられます。

親の不安感やストレスの軽減には、ソーシャルサポートが有効だと考えらえています。ソーシャルサポートとは、情緒的な励ましや、助言、情報、物理的な援助など、社会生活において人々が行う相互的な支援を意味します（Barreraら、1983年；Barrera、1986年）。これまでの研究で、ソーシャルサポートを受けていると感じている人ほど、不安感やストレスの程度が低くなる傾向があることが分かっています。

障害のある子どもの親に対し、ソーシャルサポートおよび障害や育児に関する知識や能力に関する支援を適切なタイミングで提供することによって、家族が直面する課題の解決や問題発生の予防にもつながると考えられます。

(4)ライフステージに沿った支援・支援者と家族との連携

障害のある子どもの家族の支援のニーズは個々の家族によって異なり、またライフステージによっても変化します。

乳幼児期には障害への気づき、診断告知、就園や就学など、学齢期には学習や仲間関係、学校との連携、進学に加え、異性関係や就職などの課題が現れます。青年・成人期には、自立生活や就労、結婚・育児、親亡き後の問題などがあります。

家族支援に関わる支援者には、家族の気持ちに寄り添い、子どもや家族の支援のニーズを把握し、ライフステージに合わせて支援に取り組む姿勢が求められます(井上ら、2007年)。

障害のある子どものへの支援においては、支援者と家族との密接な連携が求められています。たとえば特別支援教育では、教師や学校は保護者と密接な連携を取りながら子どもの指導にあたることや、家族が積極的に教育に参加することが推奨されています。

「今後の特別支援教育の在り方について(最終報告)」(2003年)では、保護者は「家庭等において子どもと接し、教育や療育との関わりの中で適切な役割を担うことは重要なことであり、そのためには障害や子どもの成長や発達についての知識を深めていくことが必要」であり、「重要な支援者の一人」とされています。

学校では、子どもへの指導や支援に関する相談に加え、個別の支援計画・指導計画の作成を通じて、学校と家族が密接に連携することが求められます。

しかし、教師を含む専門家と家族の対等な関係にもとづく連携には課題が残されています。Turnbullら(2015年)は、時間や意欲、知識などの制約により、子どもの教育に関する意思決定について多くの親が消極的であると述べています。また瀬戸(2013年)は、子どもの捉え方や教育の方針について、教師と親の間に認識の違いがあることや、両者が日常的に話し合いの機会をもっていても共通の理解や課題意識をもつことの難しさを指摘しています。

このような課題について、田村・石隈（2007年）は、親が教師から支援を受けながら自らの役割を充実させ、徐々に対等な立場で教師と連携するパートナーへ変容していくと述べています。また柳澤（2014年）は、教師の役割として、家族とともに子どもの成長を促すこと加え、家族の思いを理解しつつ助言や支援を通して家族の成長を促すことを挙げ、家族が主体性を持つことによって教師との対等な連携が可能になると述べています。

⑸養育方法の支援

厚生労働省（2008年）の「障害児支援の見直しに関する検討会報告書」において、家族への養育などの支援として、心理的なケアやカウンセリング、養育方法の支援、家庭訪問による家族への相談、保護者同士の交流の促進が挙げられています。

このなかで、養育方法の支援については、子どもの障害特性に関する知識や具体的な育児方法を伝える心理教育やペアレントトレーニングなどがあります。

障害のある子どもの養育においては、親が障害の特徴や育児の方法に関する多くの知識をもつことが望まれます。しかし、子どもの障害への気づきや診断告知のショックなどにより、親が系統的な知識を獲得することは容易ではありません。このため、親が子どもの発達や育児について体系的に学ぶ機会を保障することが重要です。

知識の伝達による支援方法は心理教育と呼ばれ、障害のある子どもの家族への支援として数多くの実践がなされ、その効果を検証した研究も多くあります（日本家族心理学会、2007年）。並木ら

（２００５年）は、ＡＳＤのある子どもの養育者を対象に、小集団の講義形式による学習会を実施し、診断後間もない時期における養育者への情報提供の重要性を指摘しています。

ペアレントトレーニングは、「子どもを教育したり、不適応行動を減らしたりするために有効で特別な手続きを親に提供する」方法であり、多くの実践研究が行われてきています（ケーゲルら、２００２年）。

以上のような家族支援においては、親や家族が主体的に育児に取り組めるよう、またほかの家族メンバーが潜在的にもつ力を十分に発揮できるよう環境を整えるという、エンパワーメントを重視した取り組みが必要です。ケーゲルら（２００２年）は、「知識やスキルを得たり、家庭、学校、地域社会における子どもの幸福について、情報に基づいた効果的な決定をする機会を親や家族が得ているソーシャルサポートの状況の中で、エンパワーメントが生じることが期待される」と述べています。

⑹きょうだいへの支援

障害のある子どもの兄弟姉妹（以下、「きょうだい」）は、障害のある子どもとともに育つことによる影響や、障害のある子どもの家族としての役割獲得の困難さなどから、特有の悩みや心理的な問題を抱えやすいという報告があります（吉川、２００７年）。

一方、きょうだいだからこそ得られる特別な経験による肯定的な影響についても研究が進んでいます。例えば、きょうだいには「実年齢より成熟している、責任感がある、他者への思いやりがある、寛容である、人道的な問題や職業に関心がある、家族の親密感が高い、自信がある・自立している」といった側面があると言われています（Labato, １９９０年）。

欧米では、きょうだいに対する支援として、家庭以外で受ける支援の有効性が指摘され、公的機関による支援事業などが実施されています。たとえばMeyerら（2008年）は、米国できょうだいへの心理的支援プログラムを開発し、さまざまな活動やピアサポートの場を提供しています。このプログラムでは、以下の5つの目標を設定しています。①くつろいだ楽しい雰囲気の中で他のきょうだいと出会う機会を提供する、②きょうだいの共通の喜びや悩みについて話し合う機会を提供する、③きょうだいがよく経験する状況で他のきょうだいがどう対処しているかを学ぶ機会を提供する、④障害のあるきょうだいの特別なニーズについての意味を学ぶ機会を提供する、⑤きょうだいの悩みや経験について、親や専門家が学ぶ機会を提供する。

日本では、1980年代以降、障害のある子どもの親の会など自助グループによる支援が行われてきました。井上ら（2014年）は、Meyerらのプログラムを参考に、発達障害児などのきょうだいを対象とした予防的・集団的な介入プログラムを実施し、きょうだいの障害のある子どもへの意識や態度に改善が見られ、また両親の不安が軽減されたことを報告しています。

(7)家族同士の支援

専門家による家族支援に加えて、障害のある子どもの家族同士の支援も重要だと考えられています。この家族同士の支え合いは、欧米における1980年代の自助ムーブメントのなかで発展し、支援プログラムの開発や効果の研究が行われてきました。障害のある子どもを育てた経験をもとに、ほかの親の悩みを聞き情報提供を行うなどの支援に従事する親は、ペアレント・メンター（parent mentor）と呼ばれます（井上ら、2011年）。

日本でも親の会を中心に障害のある子どもの親同士の支え合いが行われてきましたが、2010年に厚生労働省の「発達障害者支援体制整備事業」においてペアレント・メンターの活動や養成研修についての指針が示され、各地で活動や養成研修が実施されるようになりました。

家族同士の支援においては、親近感や信頼感が得られ、相談者の孤立感や心理的な抵抗感が小さくなるため、専門家による支援とは異なる効果があると考えられています。その背景には、似通った状況にいる者同士による相互的な支援であるピアサポートの作用があると推測されます。たとえば障害のある子どもの親の会での活動では、参加者が帰属意識やコミュニティー感覚をもちながら、支援の授受を通して満足感や達成感を得ていると考えられます（ケーゲルら、２００２年）。

筆者は、地域の育児支援や親子支援の場において、発達障害のある子どもの養育者への心理面での支援に関わってきました。障害受容や親の役割のプレッシャーに苦しみ、子どもの発達や成長を素直に喜べない人や仲間や支援者と信頼関係が築けず孤立してしまう人と関わるなかで、家族の気持ちに寄り添い、家族のニーズを把握しながら適切な支援を提供することを心がけてきました。しかし、本当の意味で家族の悩みや苦しさを理解することや気持ちに寄り添い支援することの難しさを感じています。

養育者の不安感やストレスを軽減するためには、相談活動や学習会などを通して、子どもの発達や障害に関する知識や育児の方法について系統的に伝えていくことが重要だと考えます。また養育者がソーシャルサポートやピアサポートを活用し、主体的に仲間づくりや社会参加を進められるよう環境を整え、家族のエンパワーメントに重点を置いて支援することが専門家の重要な役割であり、今後の課題です。

［引用・参考文献］

・障害者基本法の一部を改正する法律（平成23年法律第90号）
・発達障害者支援法の一部を改正する法律（平成28年法律第64号）
・厚生労働省「障害児支援の見直しに関する検討会報告書」２００８年、http://www.mhlw.go.jp/shin-

gi/2008/07/dl/s0722-5a.pdf
・Turnbull, A.,Turnbull, R., Erwin, E. J., Soodak, L. C., & Shogren, K.A.（2015）. Families, professionals and exceptionality; Positive outcomes through partnerships and trust. 7th Ed. USA; Pearson.
・リンダ・レアル著、三田地真実監訳、岡村章司訳『ファミリー中心アプローチの原則とその実際. A family-centered approach to people with mental retardation』学苑社、２００５年
・Drotar, D., Baskiewicz, A., Irvin, N., Kennell, J. & Klaus, M.（1975）. The adaptation of parents to the birth of an infant with a congenital malformation: A hypothetical model. Pediatrics, 56（５）, 710-717.
・ヤングハズバンド編、松本武子等共訳『家庭福祉』家庭教育社、１９６８年
・中田洋二郎「親の障害の認識と受容の考察―受容の段階説と慢性的悲哀―」「早稲田心理学年報」27、１９９５年、83－92
・中田洋二郎『子どもの障害をどう受容するか―家族支援と援助者の役割』大月書店、２００２年
・Boyce, G., Behl, D., Mortensen, L., & Akers, J.（1991）. Child characteristics, family demographics, and family processes: Their effects on the stress experienced by families of children with disabilities. Counseling Psychology Quarterly, ４（４）, 273-288.
・Barrera, M., & Ainlay, S.L.（1983）. The structure of social support: A conceptual and empirical analysis. Journal of Community Psychology, 11, 133-144.
・Berrera, M.（1986）. Distinctions between social support concepts, measures, and models. American Journal of Community Psychology, 14（４）, 413-445.
・柘植雅義・井上雅彦編著『発達障害の子を育てる家族の支援』金子書房、２００７年
・特別支援教育の在り方に関する調査研究協力者会議「今後の特別支援教育の在り方について（最終報告）」２００３年
・瀬戸美奈子「子どもの援助に関する教師と保護者との連携における課題」「三重大学教育学部研究紀要」

64、2013年、233-237
・田村節子・石隈利紀「保護者はクライエントから子どもの援助者のパートナーへとどのように変容するか―母親の手記の質的分析」「教育心理学研究」55（3）、2007年、438-450.
・柳澤亜希子「特別支援教育における教師と保護者の連携―保護者の役割と教師に求められる要件―」「国立特別支援教育総合研究所研究紀要」41、2014年、77-87
・日本家族心理学会編『家族支援の心理教育―その考え方と方法』金子書房、2007年
・並木典子・浅井朋子・杉山登志郎・小石誠二・東誠「広汎性発達障害児を持つ保護者向け学習会の効果―小学生・就園児・未就園児の保護者を対象とした「高機能自閉症・アスペルガー症候群学習会」の実践―」「臨床精神医学」34、2005年、1229-1236
・ロバート・L・ケーゲル・リン・カーン・ケーゲル編、氏森英亞・清水直治監訳『自閉症児の発達と教育―積極的な相互交渉をうながし、学習機会を改善する方略―』二瓶社、2002年
・Meyer D.J., & Vadasy, P.F. Sibshops: Workshops for Siblings of Children with Special Needs. Revised. Baltimore: Paul H Brookes Publishing Co. 2008
・吉川かおり『発達障害のある子どものきょうだいたち―大人へのステップと支援』生活書院、2008年
・Lobato, D.J. Brothers, sisters, and special needs: Information and developmental disabilities. Baltimore: Paul H. Brookes Publishing Co.; 1990
・井上菜穂・井上雅彦・前垣義弘「障害児のきょうだいの心理的支援プログラムの効果」「米子医学雑誌」65、2014年、101-109
・井上雅彦・吉川徹・日詰正文・加藤香編著『ペアレント・メンター入門講座　発達障害の子どもをもつ親が行う親支援』学苑社、2011年
・厚生労働省「発達障害者支援施策の概要」
https://www.mhlw.go.jp/stf/seisakunitsuite/bunya/hukushi_kaigo/shougaishahukushi/hattatsu/gaiyo.html

03

大学での合理的配慮の提供と「個の尊重」

神代末人（佛教大学学生相談センター・臨床心理士）

(1)合理的配慮とは――実現の背景と大学での実際

２０１６年４月に障害者差別解消法が施行されて以降、大学における学生支援も変化してきています。同法の施行により、障害を理由とした差別が公的に禁止され、その実現に向けた取り組みとして、公的機関や民間事業者には合理的配慮の提供が求められることになりました。合理的配慮の提供は、国公立大学（公的機関）では義務となり、私立大学（民間事業者）では努力義務となっています。

筆者は２０１８年度現在、佛教大学（以下、佛大と略記）の学生相談センターで、臨床心理士の資格をもつカウンセラーとして勤務しています。学生相談を行うカウンセラーは、発達障害や精神障害を抱える学生との面談を通じ、合理的配慮の要請のプロセスに関わることが少なくありません。

特に筆者は発達専門カウンセラーとして、発達障害を有する学生を支援する立場にあり、学生といっしょにたびたび合理的配慮について検討しています。その経験のなかでは、合理的配慮の要請は、学生個人の個別性を尊重するためのチャンスである反面、注意深く進めないと、学生個人の成長を妨げるリスクを生じ得るようにも感じています。

そこで本章では、合理的配慮の提供が学生相談や学生支援にどんな変化をもたらしているのか、その意義をまず考えてみます。その上で、支援者と学生は合理的配慮の要請にあたって何に留意しておくとよさそうなのか、カウンセラーの立場から検討してみます。ここでの検討が、多様な学生のそれぞれを尊重する学生支援とは何か、支援者と学生がいっしょに考えることを、少しでも促すものとなればと思っています。

①合理的配慮の背景――障害者権利条約と障害者差別解消法

佛大は、学生数約6000人の私立大学です。したがって、合理的配慮の提供は努力義務ですが、2016年4月の法施行を節目に、筆者の実感では「合理的配慮」あるいはそれを依頼する「配慮依頼書」の作成について検討する機会が、格段に増えています。特に、発達障害の診断あるいは傾向のある学生の場合、カウンセリングの経過中に必ず一度は配慮依頼書について話題にのぼるほどです。努力義務とはいえ、学生の支援にあたってはかなりの頻度で合理的配慮について検討がなされており、それは多くの私立大学でも同様ではないでしょうか。

そのような合理的配慮ですが、実際にはどのようなことが該当するのでしょうか。考えていくための前提として、どのような背景のある概念なのか、簡単に紹介します。

合理的配慮については、日本では「障害者差別解消法」（正式には、「障害を理由とする差別の解消に関する法律」）のなかで定められています。この法律が施行されることになったきっかけは、国連総会で2006年、「障害者の権利に関する条約」が成立したこととされます。

この条約は、「障害者の人権及び基本的自由」を確保し、「障害者固有の尊厳の尊重」を促す目的で成立したものです（日本学生支援機構、2018）。そして条約のなかで合理的配慮は、これらの目的に対して「必要かつ適当な変更及び調整」であり、「均衡を失した又は過度の負担を課さないもの」と定義されています（同上）。実施者の負担が過剰なものとならないこと、という点は、どこまでを「合理的」な配慮として実際に行うのかを考える上で基準になるため、重要です。

さらに注目しておきたいのは、この条約では障害に対する見方として「社会モデル」の考え方が取り入れられている点です。障害は旧来、病気や事故から生じる個人的な問題であり、医療による個別治療を必要とするものだ、とする「医療モデル」に沿って考えられることが主流でした。「社会モデル」とはこれに対し、社会の側の環境と個人の相互作用が障害をつくり出しているのであって、環境の改善も考慮されるべきである、という考え方です。

このように、「障害者の権利に関する条約」には、合理的配慮を提供する上での基本となる考え方が含まれています。この条約を日本も批准したことから、以後いくつかの経緯があって、２０１６年４月に「障害者差別解消法」が施行されました（詳細は日本学生支援機構ホームページ内「合理的配慮ハンドブック」参照、章末にＵＲＬ記載）。

「障害者差別解消法」では、障害を理由とする差別の解消に向けて、差別的取り扱いの禁止と、合理的配慮の不提供の禁止が定められています。そして日本でも合理的配慮提供の義務および努力義務が、この法律で公的なルールとなったのです。

条文では「障害者から現に社会的障壁の除去を必要としている旨の意思の表明があった場合において、その実施に伴う負担が過重でないときには（中略）社会的障壁の除去の実施について必要かつ合理的配慮をしなければならない」（第7条2）とされています。「社会的障壁」とは、「障害がある者にとつて日常生活又は社会的な生活を営む上で障壁となるような社会における事物、制度、慣行、観念その他一切のものをいう」（障害者基本法より抜粋）とされ、社会モデルで見た場合の生活上のあらゆる困難が含まれています。

ここに挙げた条文を見ると、幅広く「一切のもの」が障壁となり得るのであり、それらに対し合理的配慮を求めていくことが可能であるとされている一方、先に挙げた条約と同じく、「負担が過重でない」ことが条件とされていることがわかります。

また、配慮の提供のためには本人からの意思の表明が必要であるとされることは、支援において、また大学やそれ以降での生活においても、非常に大切なポイントになると思われます。この点については、支援の留意点とあわせて後述したいと思います。

②合理的配慮実施の流れと配慮内容

さて、そのような背景のある合理的配慮ですが、大学で行う場合、学生から大学側に対して配慮を求めていく形になります。佛大では2018年度現在、学生支援課および学生相談センターが中心となり、学生とともに配慮内容を考え、教員や学科等へ配慮依頼を行う役目を担っています。

学生相談センターで行う場合の流れとしては、まずは個別の面談で学生本人や保護者からカウンセラーが聞き取りを行い、次にそれらの内容をもとに、授業で予測される困難やその対処等について、学生本人と話し合ってまとめます。

話し合った内容は、障がい学生支援検討会議において適切性などを協議・確認した上で「配慮依頼書」として文書化して、学生支援機構長が教員（各学部の学生支援担当主任、授業担当など）に配慮依頼を行うという流れになっています（配慮の内容によっては、障がい学生支援検討会議の代わりに、学生支援機構長と学生支援課の確認を経て進める場合もあります）。佛大の場合、学生相談センターは学生支援課に属する学内機関であるため、学生支援課を通じ配慮内容等について大学側が確認する形になっています。

このように、支援内容が妥当かどうか、過剰な負担を生じないか、大学として支援が可能かどうか、などについて組織としてのチェックも必ず入るよう、各大学の状況に応じて体制がつくられているようです（日本学生支援機構、2018）。

実際に行われ得る配慮内容としては、障害の性質や本人の「困り感」に応じて実にさまざまです。例を挙げると、「ノートが取れない」という場合は講義録音や板書の撮影、ノートテイク制度の活用、「文章を書くことが難しい」場合は記述試験の形式調整や時間延長、「極度の不安や緊張がある」場合は、授業内発表形式の変更や別室受験……などがあります。実際には、これらの支援を組み合わせたり、ほかの支援についても検討したりと、個々の学生に応じてその都度、支援内容の模索が必要です。

なお、授業での配慮において内容を決めていくときに基準となるのは、「教育の目的・内容・評価の本質を変えない」（日本学生支援機構、2018）という原則です。合理的配慮は単位をもらいやすくするためのものではなく、あくまで社会的障壁を取り除き、ほかの学生と同じスタートラインに立つためのものであることは押さえておく必要があります。

佛大での現状について少し触れつつ、合理的配慮についてまとめてきました。現状は、合理的配慮が大学での学生支援に加わって、各大学で支援の制度が刷新されてきているところであると思われます。

(2)学生への支援としての合理的配慮の意義

①途切れない支援

合理的配慮が大学での学生支援の制度に加わることは、大きな変化と言えます。

人生全体で見るとき、大学時代はこれまで、支援が途切れる時期になっていたと言われています。就学前は自治体の乳幼児健診や発達相談、小学校～高校では特別支援教育、学校教育を終えた人には地域での生活支援・就労支援……というように、各ライフステージで支援の制度が設けられているのに対し、大学に通う期間だけ、法にもとづく支援がない状況だったからです（高橋、2012年）。

支援が途切れなくなったことで、大学から社会人へとよりスムーズな移行が可能になった一方、そのための支援が大学に求められることになった、とも言えそうです。

また合理的配慮が支援に組み込まれることは、たとえば「配慮要請の発議権が大学から個人へ、配慮の分類が『障害別の分類』から『個別のニーズ』へ移ることとなり、大学は障害学生に対して予め用意された支援を提示するのではなく、障害学生のニーズに合わせた支援を行うことが必要となった」（森、2017）とされるように、学生の個別性へより細やかに目を向け得るようになったとも言えるでしょう。

今後、支援が大学でも連続したものとなることで、現在までの支援の情報も踏まえつつ、大学での支援を検討する機会が増えていくと思われます。

学生相談は従来、学生本人のみが来談する形が基本でした。そのため、発達障害や精神障害を有する学生のなかで、自分自身について振り返ることが難しい状態にある場合、あるいは青年期に共通する課題として、自身の性質や行動傾向などの理解が途上の段階である場合、支援が困難になりやすい性質がありました。たとえば対人関係や修学に関して、どのような問題が起こっているのか、周囲はどう対応してきたのかなどがわからず、現状や課題の推測が困難となってしまうのです。

合理的配慮が学生への支援として位置づけられることで、大学入学時から、高校までの支援について振り返る機会が得やすくなっていると言えます。その際に、本人との対話に加えて周囲からの情報も参考にできることは、自身について振り返りにくい学生について、より多方面からの検討を可能にし、理解の可能性を広げます。

このように、合理的配慮の検討は、学生についてより細やかに目を向け、学生の理解について、そして社会との折り合いについて、より多角的に探ることにつながると言えそうです。

②カウンセラーの関与

こうした合理的配慮のプロセスでは、学内教員や職員、コーディネーター、カウンセラーなどが関わり、それぞれが連携しながら役割を果たします。そのなかで、カウンセラーが支援に関わることの意義は小さくないのではないか、と筆者は考えています。このことは合理的配慮において留意すべきことの検討にもつながるように思われます。

カウンセラーやカウンセリングは、相当に普及してきたとはいえ、あまり馴染みのない人も多いでしょう。日本でのカウンセリングの普及に大きく貢献した河合隼雄による定義を見ると、カウンセリングとは「悩みや問題の解決のために来談した人に対して、専門的な訓練を受けた者が、主として心理的な接近法によって、可能な限り来談者の全存在に対する配慮をもちつつ、来談者が人生の過程を発見的に歩むのを援助すること」（河合、２００９年）とされます。

学生相談の場合、カウンセリングは週に1回、およそ50分程度で、決まった曜日・時間に、カウンセラーと1対1で行われるのが一般的です。

合理的配慮の意義について、学生の個別性により細やかに目を向け得ると前述しましたが、それぞれが違った個性をもつ学生を尊重していくことは、簡単なことではありません。「可能な限り来談者の全存在に対する配慮をもちつつ」、決まった時間をとって面談をすることは、一人ひとりにしっかり目を向ける姿勢として非常に重要なように思われます。

また、周囲からの情報も参考にしながら、本人にも一つひとつ確かめつつ支援を行うためには、本人と話をする時間を定期的に設けていることは大きな支えになります。

一方で、配慮依頼書の作成には、いくつか留意すべき点があるようにも思われます。特にカウンセラーの視点から見た場合、各学生の「こころ」について見ると、それが本当に個別の学生を尊重することになっているのか、むしろその逆の事態になりはしないか、ということが気になってくることがあるのです。

次節では気にかかることについて3つの視点を挙げ、もう少し、カウンセラーによる学生の支援について考えてみたいと思います。

(3)個々の学生の尊重に向けて

①自他の境界という視点から

発達障害に共通して現れやすい傾向として、他者から見た視点について想像が難しい、ということは広く知られています。支援を考えるとき、自他の境界について問題となるような事態が少なくないと、筆者は感じています。

たとえば、発達障害を有する学生が、人と接する場面での不安が強かったり、授業でのクラスメイトとの関係や友人関係について想像しにくかったりする場合に、そうした対人関係での不安について対処したいと考えることがあるかもしれません。

しかし、たとえば「教員や友人が自分を悪く思わないようにしてほしい」というようなことは、配慮内容に含むことはできません。確かに合理的配慮を要請することは、多かれ少なかれ、障害があることを公表する側面が生じます。ですが、そのことによって周囲のすべての支援者、教員、学生が一様に障害について理解し、対応できるようになるわけではないことには注意が必要です。

つまり合理的配慮の要請は、「他者がその学生をどう受け止めるか」までに影響をおよぼすものではなく、他者の内面までには介入できないのです。そのことを確かめた上で、配慮を依頼する際の内容は、できるだけ具体的なものとしていくことが望ましいでしょう。

具体化の例としては、授業形式や成績評価の方法、到達すべき水準の確認などを通し、授業形態を明確にして、必要に応じた調整を図ることが挙げられるでしょうか。

あるいは、配慮に関して担当教員からほかの学生への説明が必要な場合（たとえばほかの学生からの質問があった場合など）にどのように説明するか、といったことの検討も有効かもしれません。

このような具体化の作業は、自他を、それぞれ違った立場にあり、違った感じ方をする存在として、区別して考えることにもつながるように思われます。そのような区別は、自分と他人をどちらも尊重するための土台になる姿勢ではないでしょうか。

また、具体化するという作業自体が難しく、負担に感じられる場合も少なくありません。本人の負担感とのバランスを取りながら、可能な範囲での配慮内容を探る姿勢が求められます。場合によってはすぐに配慮依頼書を出さず、カウンセラーとの面談を継続しつつ様子を見ていくことも必要でしょう。そのなかで不安感が和らいでいくこともあり得ると思われます。

②学生自身の成長を妨げないこと

配慮依頼のプロセスを通じて、本人の成長の機会と可能性が奪われていないか、ということにも目を向けておく必要があると思われます。

大学は、社会に出る前の最終段階です。大学生活では、一人暮らし、科目の履修と単位の管理、サークル・アルバイトなど課外活動での社会体験、就職活動、卒業論文……など、挙げてみると数多く、自ら考え行動を起こす機会が出てきます。それらを通じ、学生たちは時には手痛い失敗をしながらも立ち直り、自分で自分の行動に折り合いをつけることを少しずつ学んで、社会のなかで生きていく準備をする側面があります。

合理的配慮に関して「『やってあげる』支援ではなく『自分で決められるようになる』支援であることが重要」（日本学生支援機構、2018）という指摘がされていますが、これは支援者にも、学生本人にも重要な指針となるでしょう。

特に発達障害については、「受身性」が見られ得るということや、時に「支援慣れ」や「支援への依存」が問題となるという指摘もあります（松本、2017）。本人の能動性や主体性が、周囲の介入によってかえって損なわれる可能性があることも、支援において留意されるべきではないでしょうか。失敗を予防することに加え、失敗しても立ち直れる環境を用意することも大切です。

そのようなとき、学生本人と信頼関係を築き、話し合える場所と時間を用意できるカウンセラーの存在が重要となるのではないかと思っています。

③「本人のための支援」をめざして

3つ目に挙げたいのは、支援が本当に「本人のための支援」となっているか、という点です。

障害を公表する側面があることについては、たとえ支援を求めていてもためらいが生じて当然であり、支援を受けること自体にも、さまざまな思いがあるはずです。しかし、必ずしもそれらの思いをすべて意識でき、言葉にできるわけではありません。

大学の学生相談に長く従事し、多くの学生を支援してきたカウンセラーによれば、2000年以降「自分の内面を語れない」という学生が増加しており、発達障害に限らず、現代の学生には広くその傾向が見られるということです（高石、２００９）。筆者の感じる現状としても同様であり、相談に来てすぐに悩みを話せる学生よりも、どんな思いがあるのか、対話を通じて少しずつ言葉にしていくことからカウンセリングが始まる学生のほうが多いように感じられます。

ところが、支援の検討が「原則として学生本人からの申し出によって」（日本学生支援機構、２０１８）開始されるものとなっているように、困っている旨を表明し、支援を求めていく主体は学生本人とされるのです。そして、その過程は本人との話し合いが中心となって進みます。こうしたギャップが、支援での困難につながることがあります。

たとえばカウンセラーが学生からの訴えを聞くときには、発達障害について知られている特性やカウンセラーの経験などから、質問をし、類推して、理解を補います。さらに、可能であれば高校までの支援情報の照会や、保護者からの聴取も行います。そのような周囲の情報を整理した上、最終的には学生本人との話し合いを通じて、困っている内容とその支援について本人に確かめながら、まとめていくという流れになります。

こうした流れを見てみると、学生自身が困っていることを言葉にしにくい場合、支援者には想像を働かせ、能動的に聴取していく姿勢が求められると言えます。もちろんその際は、先入観による思い込みを防ぐための留意がなされます（たとえば複数の手がかりから共通して見出されることに注目したり、必ず本人の確認・同意を得た上で配慮内容を決定したりするなど）。

しかし、支援者が学生の語りを補うことで、支援者や家族など、周囲の意向が先立ってしまうリスクが避けがたく生じます。さらに、「障害の支援」として「障害」の現状を明確にしようとする姿勢が強くなり、言葉にならない本人の感覚に注意が向きにくくなることもあり得ます。

あるいは授業開始や課題等が迫っていて、時間的な制約が感じられると、支援者や学生に焦りが生じることをもあります。本人の実感や支援に対する思いが置き去りになってしまわないよう留意しなくてはなりませんが、それは案外難しいことなのです。

このことに関しては、学生・支援者ともに、合理的配慮についてはあくまで「その時点でのもの」として、後に変更し得ることを話し合っておくことが助けになるかもしれません。性質や特性は変化しなくとも、自分自身についてどう捉えるかが変わることによって、支援の内容や、支援を求めるかどうかという選択もまた、変化し得るはずです。

(4) カウンセラーとして思うこと

大学での合理的配慮の意義および留意すべきだと思われる点について、現時点で筆者に考えられることをまとめてきました。多様な学生が大学に入学し、それぞれの困っている内容や対象に応じた支援が必要とされる状況のなかで、先に挙げた「来談者の全存在に対する配慮をもちつつ、来談者が人生の過程を発見的に歩むのを援助する」（河合前掲）カウンセラーの姿勢は、改めて注目されるべきであると考えます。

「障害の支援」に留まらず、障害や自分の性質との折り合いを探りながら生きていく学生の「全存在」に目を向けることは、本当に「合理的」な配慮を考えるため、また学生自身が障害に過剰にとらわれてしまわないためにも、必要な姿勢ではないでしょうか。

合理的な配慮について考えることは、自分自身について理解を深め、折り合いを探る機会にもなり得ます。周囲との関わりのなかで自己理解を深めていくことは、障害があるかどうかに関係なく、大学生に共通の課題です。学生たちがそれぞれのやり方で、その課題に取り組めるよう、そして、「人生の過程を発見的に歩むのを援助する」ことができるよう、今後も支援について考え続けたいと思っています。

［文献］

・河合隼雄著・河合俊雄編『心理療法序説』岩波現代文庫〈心理療法〉コレクションⅣ、２００９年
・松本拓真『自閉スペクトラム症を抱える子どもたち―受身性研究と心理療法が拓く新たな理解』金剛出版、２０１７年
・森麻友子「発達障害学生に対する学生相談（カウンセリング機能）と障害学生支援（コーディネート機能）を組み合わせた支援の検討―中規模大学の障害学生支援室における実践から―」「学生相談研究」38（１）、２０１７年、12-22。
・日本学生支援機構「合理的配慮ハンドブック～障害のある学生を支援する教職員のために～」２０１８年、独立行政法人日本学生支援機構ホームページ（https://www.jasso.go.jp/gakusei/tokubetsu_shien/hand_book/index.htmh）２０１８年10月23日確認
・高橋知音『発達障害のある大学生のキャンパスライフサポートブック―大学・本人・家族にできること』学研教育出版、２０１２年
・高石恭子「〈高等教育の動向〉現代学生のこころの育ちと高等教育に求められるこれからの学生支援」「京都大学高等教育研究」15、２００９年、79-88。

04

発達障害とトラウマ

亀岡智美（兵庫県こころのケアセンター・精神科医）

発達障害とは、ある発達特性を有する一群をさします。乳幼児期や小児期に発達の偏りが顕在化することが多く、その原因として、生来的な中枢神経系の機能障害が挙げられています。

２０１３年に発表された米国精神医学会による国際診断基準である「精神疾患の分類と診断の手引き第５版（ＤＳＭ－５）」では、「神経発達症群／神経発達障害群」としてまとめられ、さまざまな発達障害のタイプが示されています。

本章ではそのなかから、近年社会的にも注目されて精神科診療ニーズの高い自閉スペクトラム症（Autism Spectrum Disorder, ASD）と注意欠如・多動症（Attention-Deficit/Hyperactivity Disorder, DA/HD）を取り上げて、トラウマとの関連を探っていきます。

(1)ストレスとトラウマ

発達障害とトラウマの関連を論じる前に、ストレスとトラウマの定義を確認しておきます。

ストレスという用語は、もともと機械工学の領域で使用されていたもので、物体に力を加えて圧縮したときに、その物体に生じる「ひずみ」や「たわみ」を意味していました。このとき物体に加わる力がストレッサー、「ひずみ」や「たわみ」がストレス反応です。これがメンタルヘルスの領域で使用されるようになり、現在に至っています。

すなわち、何らかのストレッサーによって、私たちの身体と心に生じる「ひずみ」や「たわみ」がストレス反応です。

私たちの身体と心に悪影響（悪いストレス反応）をおよぼすストレッサーには、さまざまなものが考えられます。たとえば、環境的要因（天候、騒音など）、身体的要因（病気、睡眠不足、疲労など）、心理的要因（不安や悩みなど）、社会的要因（人間関係の問題、仕事量が多いなど）などです。このようなさまざまなストレッサーが過剰に長期間続くと、私たちの身体の自律神経や内分泌、さらには免疫機能のバランスが崩れてしまいます。心理面にも、うつや不安などさまざまな悪影響がおよぶことが知られています。

一方トラウマは、ストレスの最も極端なものです。すなわち、本来もっている個人の力では対処できないような外的な出来事を体験したときのストレスを意味します。

トラウマになり得るような出来事として、自然災害や交通事故をはじめとする深刻な事故、身体的暴行や性的暴行、監禁、虐待、戦争体験、悲惨な死の目撃などが挙げられています。

このような出来事を体験しても、多くの人は心の回復力（レジリエンス）によって、つらい状態から自力で立ち直ることができることが報告されていますが、トラウマ（心的外傷、心のケガ）が大きく深い場合は、うつや不安・PTSDなどのさまざまな病態を生じることが知られています。

これまでのわが国の成人を対象とした調査で、一般の人が、一生のうちにトラウマとなる出来事を体験する確率は、7・8〜44・4％であると報告されています。すなわち、身体外傷と同様、心がケガ（心的外傷）をするような体験は決して稀なことではないのです。

さらに先述のように、発達障害の人においては、このリスクがさらに高いことが報告されています。

⑵ 発達障害を有する人たちのリスク

最近は、発達障害への理解も深まり、特別支援教育や個別支援を受けて、多くの発達障害の人たちが、健康に成長し自律的な社会生活を送っていると推察されます。しかしその一方で、発達障害を有する人たちは、一般的なストレスのリスクだけではなく、トラウマのリスクも高まることが報告されています。

① 自閉スペクトラム症（ASD）の人たち

ASDの人たちの多くは、社会的状況の読み取りや社会的コミュニケーションが苦手で、こだわりや感覚過敏など多様な特性を有しています。そのため、生後間もなくからさまざまなストレスにさらされ、さらにはトラウマとなる出来事に遭遇するリスクが高いことが報告されています。

次に事例を紹介します。ここで紹介する事例は、実在するものではなく、よくある事例の共通点を合成した架空のものです。

事例　自分流でマイペースだったA子さん（24歳）

A子さんは、両親が待ち望んで生まれた女の子で、出産までは特に問題なく、お産も順調でした。乳児期にはあまり泣くこともなく手がかからない子でしたが、両親は、女の子だからおとなしいのだろうと思っていました。身体発育は標準的で特に遅れはなく、言葉の発達はむしろ早いほうでした。

2〜3歳の頃から、人よりも物に関心を示すようになり、行動パターンにも自分のルールがあるため、両親は他児と同じように行動できるよう、懸命に強い叱責を繰り返しましたが、A子さんにあまり変化は見られませんでした。

小学校入学後、A子さんの発達特性が顕著になったため、専門機関に相談し、ASDの診断を受けました。両親はA子さんのペースを大切にするように対応を変更し、学校では中学校に至るまで、通常学級で特別支援教育を受けました。

A子さんはしばらく安定した生活を送っていましたが、中学2年の夏休み明けから登校を渋るようになり、そのうちにまったく登校しなくなりました。心配した両親が問い詰めると、A子さんは泣きながら、学校で暴力を伴うひどいいじめを受けていることを告白しました。

両親はすぐに学校に相談し、学校側も状況把握に乗り出しましたが、いじめの加害者とされている子どもたちが頑としていじめの事実を認めなかったため、問題解決には至りませんでした。この間A子さんは、睡眠障害や悪夢、うつの症状に苦しみ、一時は精神科に通院しました。

不登校のまま中学を卒業したA子さんは、通信制高校に入学し、自分のペースで学習を積み重ねるうちに、徐々に落ち着きを取り戻していきました。そして、見事大学に合格しました。

大学では友人にも恵まれて比較的楽しい学生生活を送り、卒業後は地元の小さな会社に就職しました。会社の人たちは親切で、A子さんは社会人として順調な一歩を踏み出しました。

就職して半年ほどがたち、仕事にも少しずつ慣れてきた頃、A子さんは取引先の男性に誘われて、つき合うようになりました。そのうちに、男性はA子さんの服装や行動にことごとく口を出すようになり、A子さんが従わないと激怒し、時には暴力をふるうようになりました。

A子さんは、男性が自分のためにしてくれているのだと思い込んで、懸命に従おうとしていましたが、男性の行動はエスカレートし、A子さんの行動を逐一監視するようになりました。暴言や暴力もひどくなったため、A子さんは食欲がなくなり不眠や悪夢に苦しむようになって、ついに出勤できなくなりました。心配した家族と会社の人たちに問い詰められて、A子さんは男性からひどい被害を受けていることを打ち明けました。

A子さんのように、ASDの人たちは乳幼児期に、強いこだわりを有していたり、癇癪を起しやすかったりすることがよくあります。さらに、かわいらしいしぐさや養育者を求める行動などの表出が少ないために、アタッチメント（愛着）不全の状態に陥りやすく、主たる養育者の子育てに関する自信を砕き不全感を高めてしまいやすいのです。

このことが、その後の親子関係に長期的な悪影響をおよぼし、親子間の衝突や葛藤によって、親子双方のストレスを高めてしまうことが少なくありません。時には、不幸なことに、子ども虐待というトラウマのレベルまでエスカレートしてしまうこともあります。

学齢期になり、本格的な社会生活にデビューしたASDの人たちは、場の空気を読めないための言動や、他者との適切な距離感が測れないこと、あるいは、暗黙の了解やコミュニケーションの裏の意味を理解できないために、対人トラブルに見舞われることが少なくありません。またそれらのために、教師や養育者からの過度な叱責や、同年代の子どもからのいじめに発展してしまうこともあります。

このような場合でもASDの人たちは、適切に状況を読み取って自分の行動を修正したり、誰かに相談したり援助を求めたりすることが難しい場合が少なくありません。それぱかりか、ひどいいじめを受けているにもかかわらず、「同じクラスの子は友達だ」と字義的に思い込み、自分を守るために相手を避けたり拒絶したりすることができない場合もあります。また、感情をうまく表出できず、いじめられている場面でもニコニコと笑顔でいるために、周囲からいじめ行為が発見されにくいこともあります。

しかしながら、どのような場合でも、本人にとってストレスであるには違いなく、自己肯定感が低下し、周囲の人の言動を被害的に受け止める傾向が強くなったり、反抗的で不従順な態度が増え、周囲の人たちとの関係がさらに悪化してしまったりすることもあります。

ASDの人たちが学校を卒業し社会人として生活を始めると、ストレスのリスクはいっそう高まると考えられています。職場をはじめとするさまざまな社会生活のルールは、ASDの人たちの特性に適合していないことが多く、また成人の対人関係は複雑さを増し、ASDの人たちが社会的状況を適切に読み取って理解することはますます困難になります。

このようななかで、自尊感情を保つことができずに「自分は何をやってもだめだ」などと思い込み、失意のうちに世捨て人のように世の中からひきこもって生活している人もいますし、「世の中は理不尽なものだ」と怒りの感情を爆発させ、周囲に攻撃的になる人もいます。

②注意欠如・多動症（AD／HD）の人たち

多動性・衝動性・不注意などの特性を有するAD／HDの人たちも、一般的にストレス度が高いと考えられています。

多動や衝動性が優勢なタイプの人は、じっとしていられない、喋り過ぎる、順番を待つことができない、周囲の人の邪魔をするなどの行動が幼少期からよく目立ちます。また、不注意が優勢なタイプの人は多くの場合、学業や仕事に集中して取り組めず、ほかの人の話を聞けない、物事の優先順位が決められない、忘れ物が多く気が散りやすいなどの特徴を有しています。

このためAD／HDを有する人たちは、幼児期早期や学齢期から、叱責されることや対人トラブルが多く、さまざまな課題を達成できないことによる失敗体験を累積してしまいやすいのです。また、周囲の大人や子どもとの関係も悪化し、ストレスの高い状態が続くことによって、本来のAD／HDの特性に加えて、イライラや怒り、周囲への不従順な態度などが生じてくることもあります。

その一方で、AD／HDを有する人は、いじめや暴力などトラウマとなる出来事を体験するリスクも高いことが報告されています。

事例　「歩き始めると同時に走り出したような」B男さん（20歳）

B男さんは、乳児の頃から「一時もじっとしていない」子どもでした。両親によると、歩き始めると同時に走り出したような感じだったといいます。

小学校に入学する前は、家族と外出するとよく迷子になりました。幼稚園では、絵本の読み聞かせの場面でじっと座って聞いていたことがなく、部屋のなかを走り回っていました。悪気はないのですが、友達が遊んでいる場所に乱入し、邪魔をしてしまうことが頻繁だったため、友達とのケンカも絶えませんでした。お父さんは、小学校に入学する前になんとかB男さんの「根性を叩き直さなければ」と考えて、体罰でしつけるようになりました。

小学校入学後も授業中に着席できない状態が続いたため、専門機関に相談し、AD／HDであると診断されました。さらに、多動が落ち着くように、しばらく服薬をすすめられました。

服薬によってB男さんの行動は見違えるように落ち着き、集中して課題に取り組めるようにもなりました。しかし、十分考えずに衝動的に行動してしまう傾向は続いていました。

その後、中学ではクラブ活動に熱中し、勉強は好きではなかったものの、充実した学校生活を送っていました。

ところが、高校2年の夏休み、以前のクラスメイトからたびたび「金を貸してくれ」と頼まれるようになりました。当初B男さんは、深く考えずに即座に「いいよ」と、気前よく金銭を提供していました。しかし、貸した金は返してもらえず、B男さんが断ると、脅しや暴力を受けては金を巻き上げられる恐喝に発展していきました。

恐喝がエスカレートし、金銭が賄えなくなったB男さんには、恐怖におののき悪夢に震える毎日が待っていました。B男さんは怖くてたまらずに、登校が困難な状態になり、残念ながら留年を何度か繰り返した後に、高校は自主退学しました。

その後、恐喝の加害者が転居したため、恐喝や暴力の被害を受けることはなくなりましたが、B男さんは怖くて外出することができず、自宅にひきこもりがちになりました。

また、恐喝や暴力場面の記憶が急によみがえってきて強い恐怖に襲われることが頻繁になり、自分の心がどこかおかしくなったのではないかと思うようになりました。

B男さんのように、AD／HDの人たちも、その行動特性が周囲の環境と適合しない場合、本人にも周囲にも大きなストレスが生じます。AD／HDの人たちの何気ない行動が、粗雑でぞんざいな行動であると誤解され、その行動を何とか従来の叱咤激励方法で修正しようとする養育者との間に衝突が起こったり、同年代集団において対人トラブルに発展したりすることがあります。

このような対人間のストレスによって、AD／HDの人たちの怒りが高まり、周囲への反抗的で不従順な行動がエスカレートしたり、攻撃的行動が増悪したりすることが少なくありません。そしてこのようなパターンがさらに悪循環となっていく場合もあります。

(3) 発達障害の人たちとPTSD

①PTSDとは

PTSD（posttraumatic stress disorder／心的外傷後ストレス障害）とは、強烈なショックや強いストレスを伴うような出来事を体験した後、そのときの恐怖がいつまでも消えず、さまざまな症状が出現する病態です。すなわち、心がケガをした状態（トラウマ、心的外傷）となり、さまざまな症状が出現するのです。

トラウマとなる出来事の記憶（トラウマ性記憶）は、あまりにも強烈で、受け入れがたいものです。また、その記憶は断片的で身体感覚に刻みつけられ、いつまでも未整理のままになってしまうと考えられています。PTSDの諸症状は、このような脳機能の不全を基盤として表出されると考えられています。

先述のDSM-5では、PTSDに先立って、トラウマとなるような出来事を体験することを基準に挙げています。すなわち「実際に危うく死ぬ、重傷を負う、性的暴力をうけるできごと」を、①直接体験する、②直接目撃する、③近親者または親しい友人に起こったトラウマティックイベントを耳にする、④職業柄トラウマティックイベントの強い不快感をいだく細部に繰り返し曝露される、などです。

PTSDで認められる症状には、次のようなものがあります。

- 侵入症状（トラウマとなる出来事の記憶が、自分では思い出したくないのに繰り返し想起され、体験時と同様の心身の苦痛が生じる）
- 回避症状（トラウマとなる出来事を思い出させるような人・場所・もの・機会・会話などを避けようとする、その出来事のことを考えないようにする）

・認知や気分の否定的変化（自分自身や他者、世の中全体のとらえ方が歪んでしまい、否定的な感情に圧倒されるようになる。過度に自分を責めたり他人を責めたりする。以前の楽しみや興味を失ってしまい、いきいきとした感情が感じられなくなる）
・覚醒と反応性の変化（トラウマとなる出来事を体験したときの恐怖に起因する身体の興奮が、いつまでも収まらないことから起きる。些細なことでイライラ・ビクビクする、注意集中困難や睡眠障害など）

先に紹介したA子さんもB男さんも、精査の結果PTSDと診断される状態であることが判明しました。しかし、PTSDを引き起こしている心のケガは目に見えないため、通常はこのような状態にあっても、本人も周囲の人もPTSDに罹患していることに気づかないことが多いのです。そして本人は、「自分が変になってしまった」「自分が弱い人間だからこんな状態になった」と思い詰めて、自分から誰かに相談することができなくなってしまうのです。

②自閉スペクトラム症（ASD）とPTSD

ASDの人たちはトラウマとなる出来事を体験するリスクが高いため、なかにはA子さんのようにPTSDの病態に陥ってしまう人たちもいます。

また、ASDの人たちは脳の情報処理のありようが定型発達の人たちとは異なるため、トラウマとなるような出来事ではなく日常のありふれた出来事であっても、その人の脳の許容量を超える過剰な刺激にさらされると、PTSDの侵入症状と類似の反応が出現することが報告されています。

すなわち、「新しい環境を体験した日、たくさんの人や初対面の人に会った日、突然のできごとに見舞われた日、……その日にインプットされたおびただしい数の視覚記憶が、スナップショットのように次々とランダムに再生されはじめる。……自分でコントロールすることができず、次から次へとスナップショットが脳裏に吐き出される感じ……」（綾屋紗月・熊谷晋一朗、発達障害当事者研究より引用）のような反応は、まさにPTSDの侵入症状と類似しているのです。

また、ASDの人たちに特有の対人様式や記憶の様式、感覚過敏などが、トラウマ性記憶やトラウマの情報処理様式と類似しているのではないか、という指摘もあります。

一方、ASDの人たちがPTSDを発症した際に、症状の発現様式が定型発達の人たちの示すPTSD像と同じなのかどうかという問題は、まだ十分解明されているとは言いがたいのが現段階です。

実際に、PTSDと診断されたA子さんが、治療のなかで「最も苦痛だった被害体験」として述べたことは、交際相手からの暴力や暴言ではなく、交際相手の男性が、A子さんの毎日の決まった行動パターンにお構いなく、その男性の思うとおりの行動を強要してくる点でした。これらの強要行為によって、A子さんの生活ペースが乱され、そのことによってA子さんの安全感が著しく脅かされていたのです。

ASDの人たちと定型発達の人たちとでは、安全が脅かされると感じるポイントが異なる場合があるのかもしれません。

③注意欠如・多動症（AD／HD）とPTSD

近年、AD／HDとPTSDの関連が注目されています。その1つは、AD／HDの発達特性とPTSDの「覚醒と反応性の変化」として認められる症状群との類似性です。

PTSDの人の過剰な警戒心や驚愕反応などのビクビクする症状は、AD／HDの落ち着きのなさや多動と類似していますし、集中困難は不注意と、イライラなどの易怒性や自分を傷つけるような無謀な行動はAD／HDの衝動性亢進と、それぞれ区別が難しいところです。その結果、AD／HDの人たちがP

TSDを併存していたとしても、PTSD症状がAD／HD特性の背景に隠れてしまい、見逃されることが少なくありません。

さらに、いくつかの報告では、AD／HDとPTSDが併存しやすいことが判明しています。PTSDと診断された人の30%が、子ども期にAD／HDの症状を有していたという報告や、逆にAD／HDではない人よりも3倍の高率でPTSDが認められたとする報告もあります。そして、AD／HDを併存するPTSDの人は、精神科入院歴、学校や社会への不適応、気分障害や不安障害などが高率で認められていました。

すなわち、AD／HDとPTSDはお互いにそのリスクを高め合っているというのです。

B男さんはその後精神科を受診し、PTSDと診断されましたが、ひきこもり状態を脱するまでには、多くの年月を要しました。

(4) 発達障害の人たちのトラウマケア

① トラウマインフォームドケア

トラウマとなる出来事とは、一般的に非常に理不尽で不公平な状況で起きるため、そのような出来事に遭遇した人の安全感は著しく損なわれ、自己コントロール感は失われてしまいます。それだけに、安全感の保障と自己コントロール感の回復が、トラウマケアの第一歩となります。

すなわち、身体的・心理的に安全な環境を確保し、トラウマとなる出来事のために心がケガをした状態にあることや、そのせいでさまざまな症状が生じていることを、本人と周囲の人たちが理解する必要があります。その上で、心のケガによって生じる反応や症状の痛みを少しでも和らげることができるような方法を習得することが重要となります。

このように、トラウマの視点からその人に起こっていることを理解し、適切に対応していこうという概念が、1990年代に米国を中心に発展してきました。これがトラウマインフォームドケアの概念です。トラウマとなる出来事を体験した発達障害の人たちに対しても、同様の姿勢での支援が不可欠となります。

また、近年社会的サポートの有無が、PTSDの発症に大きく関わっていることが報告されています。つまり、同じようにトラウマとなる出来事を体験したとしても、その人の周囲に、その人の心の痛みを理解して支援する人が存在すれば、その人のPTSD発症は予防される可能性が高まるのです。

②トラウマに特化した認知行動療法

2000年以降、わが国でもトラウマに特化した認知行動療法がいくつか導入され、その効果が検証されてきました。成人のPTSDに対する長時間曝露療法（prolonged exposure therapy／PE療法）や、子どものPTSDに対するトラウマフォーカスト認知行動療法（trauma-focused cognitive behavioral therapy, TF-CBT）などがそれです。

これらの治療法はいずれも、トラウマとなる記憶に繰り返し向き合うことで、その出来事にまつわるさまざまな感情や認知を整理し、いま現在は安全であることを確認することをめざしています。このような作業を通して、トラウマ体験という異質で受け入れがたい体験を、自らの人生の一部として統合することができるようになるのです。

本章で述べてきたように、発達障害の人たちはトラウマとなる出来事を体験するリスクが高いため、トラウマに専門的に対応する治療施設には、発達障害の特性を有し、なおかつPTSDと診断される人たちが、継続的に受診しています。現段階では、発達障害を基盤に有しPTSDに苦しむ人たちが、定型発達の人たちと同様の回復過程をたどるのかどうかは、まだ十分には検証されていません。しかし、先述のトラウマに特化した認知行動療法が成熟するにつれ、発達障害を有する人たちに対してもその適用が拡大されるようになってきています。

筆者も、ASDを有する子どもや成人が性暴力、DV、犯罪などの被害を受けたケースで、PE療法やTF-CBTを実施し、定型発達の人と同等の回復を認めたケースを経験しています。その一方で、治療後にPTSDの諸症状が概ね改善しているにもかかわらず、加害者の「怖い顔」が繰り返し悪夢として出現するという症状のみが、長く続いたケースも経験しています。もしかすると、ASDの人たちの記憶の様式が、断片的鮮明で視覚優位となりやすいことと関連しているのかもしれません。

いずれにせよ、この領域では今後いっそうの研究の積み重ねが求められています。

(5) 2つのメガネ

発達障害を基盤に有し、さらにトラウマに苦しんでいる人たちは、いわば二重苦の状態にあると言えます。近年の社会的関心の高まりとともに、発達障害の特性は、一般の人たちにも知られるようになりました。いわば、見えない発達障害の特性を見分けられるメガネをもつ人たちが増えたということができます。

しかし、同じく見えない心のケガであるトラウマがよく見えるメガネは、まだ一般にはあまり流通していないようです。

今後は、これら複数のメガネを通して、発達障害の人たちのトラウマを適切に理解し、対応していく姿勢が切に求められています。

[参考・引用文献]
・American Psychiatric Association. Diagnostic and Statistical Manual of Mental Disorders（5th ed）. Amer Psychiatric Pub. 2013.（日本精神神経学会監修『DSM-5 精神疾患の分類と診断の手引き』医学書院、2014年）
・綾屋紗月・熊谷晋一朗『発達障害当事者研究―ゆっくりていねいにつながりたい』医学書院、2008年
・Biederman, J et al. Examining the Nature of the comorbidity between pediatric attention-deficit/hyperactivity disorder. Acta Psychiatr Scand, 128（1）: 78-87. 2013.
・Hoover, DW. The Effects of Psychological Trauma on Children with Autism Spectrum Disorders: a Research Review. Rev J Autism Dev Disord, 2: 287-299, 2015.
・亀岡智美「災害被害とレジリエンス」「臨床心理学」17（5）、2017年、659-663
・亀岡智美「トラウマ治療とCBT」「臨床心理学」18（1）、2017年、57-59
・亀岡智美他「トラウマインフォームドケア―その歴史的展望―」「精神神経学雑誌」120（3）、2018年、173-185
・川上憲人．トラウマティックイベントと心的外傷後ストレス障害のリスク：閾値下PTSDの頻度とイベントとの関連．大規模災害や犯罪被害などによる精神科疾患の実態把握と介入方法の開発に関する研究．平成21年度厚生労働科学研究費補助金（こころの健康科学研究事業）分担研究報告書 2010年、17-25

05

発達障害の臨床

漆葉成彦（佛教大学・精神科医）

本章では、精神科外来に受診する人たちのなかで、発達上の特性が訴えの大きな要因となっていた例を紹介しながら、精神科外来における主として成人の発達障害の臨床について述べます。
なお、事例の記述はすべて仮名で、個人が特定できないように加工してあります。

(1)発達の偏りという視点

精神科の臨床には、さまざまな困難を抱えた人たちがやって来ます。こうした人たちの生きづらさの背景に、しばしば発達の偏りが見られることがあります。発達の偏りという視点をもっていないと、このタイプの人たちに対する支援は、医師にとっても本人にとっても、しばしば困難なものとなります。

筆者が初めてそのような人と長く関わったのは、精神科の医師になって間もない頃でした。まだ成人の精神科診療の場で、古典的な自閉症や注意欠如・多動症以外の人に対して発達障害という診断をすることがなかった頃のことです。

発達障害という視点が筆者自身になかったため、治療方針に苦慮した例を示します。

〈症例〉「抑うつ状態」と診断したが…… 伊藤さん（28歳男性）

国公立大学に数多く進学する私立の中高一貫校に入学。学校の勉強には特に問題なく、全体的な成績は優秀な部類でした。クラスでは孤立しており、しばしばいじめやからかいの対象となっていましたが、不登校になることはありませんでした。

高校を卒業後、伊藤さんは両親が期待していた有名国立大学の受験を拒否し、あえて「偏差値の低い」私立の文系大学に入学しました。このことにより、両親との関係が険悪なものとなり、以後両親との接触はほとんどなくなったとのことです。実際、伊藤さんと関わっていた間に両親が治療の場に現れることは一度もありませんでした。

6年かけて大学を卒業後、高卒の資格で社員を募集していた企業に入社しました。入社当初は事務部門に配属されましたが、暗黙のルールがわからないことや、伊藤さんなりのこだわりによる書類作成のミスや顧客とのトラブルなどが頻発したため、製造現場に配置転換になりました。しかし、そこでも不注意や思い込みによるミスがたびたび見られました何度もありました。また、朝決まった時刻に起きることが難しく、しばしば遅刻するため、たびたび上司から叱責されました。

入社後半年ほどで気分の落ち込み、不眠、意欲の低下などが出現したため、筆者の勤務していた病院の精神科に、自ら受診しました。伊藤さんの訴える症状から「抑うつ状態」と診断し抗うつ薬、抗不安薬、睡眠薬などを外来で処方しましたが、症状はあまり改善しませんでした。

治療が始まって2か月たったころ、休職に関する職場とのやりとりがストレスとなり、睡眠薬の大量服薬による自殺を図ったため、入院となりました。

入院後、うつ状態はまもなくよくなりましたが、逆に誰彼かまわず話しかけたり、病棟のなかをうろうろと歩き回ったりするようになりました。そのため、軽躁状態を疑い「躁うつ病」に診断を変更し、抗うつ薬を中止して気分調整薬を開始しました。徐々に精神症状が落ち着いて退院となり、外来通院を続けていました。

伊藤さんは復職を希望しましたがかなわず、結局退職を余儀なくされました。その後も日常生活においてさまざまな困難があり、その都度外来診療の場面で対応してきましたが、筆者の異動に伴い2年余りで関わりは終了しました。

残念ながら当時の筆者には発達障害という視点がなく、伊藤さんの診断は、うつ病、躁うつ病、パーソナリティ障害と変遷し、最終的には「心因反応」という当時便宜的に使用されていた病名をつけて関わらざるを得ませんでした。

いまにして思えば、伊藤さんの状況は発達の偏りと、いじめや不適応に由来するものであると考えるのが適切であったと思われます。早期にそのように診断していれば、家族関係の調整や再就職の援助など、もっと積極的に関われたのではないか、と悔やまれるところです。

(2) 発達障害とは

2004年に制定された発達障害者支援法によると、発達障害とは「自閉症、アスペルガー症候群その他の広汎性発達障害、学習障害、注意欠陥多動性障害その他これに類する脳機能の障害であってその症状が通常低年齢において発現するもの」とされています。

米国精神医学会による診断基準DSM-5では、「神経発達症群／神経発達障害群」として、知的能力障害群、コミュニケーション症群、自閉症スペクトラム症、注意欠如・多動症、限局性学習症、運動症群、他の神経発達症群として分類されています。

以下、精神科臨床において特に重要な群について、簡単に解説します。

①知的能力障害群

従来「精神遅滞」や「知的障害」と呼ばれてきた群です。通常「発達障害」のなかには含まれません。発達障害という概念が生まれる前から、その存在が教育や福祉の領域での課題とされており、医療とは別の枠での支援が確立していたことが、その理由です。

しかし、幼少期に知的能力の障害があるとされていなかった人たちのなかに、成人の後さまざまな精神医学的な問題や生活上の困難を抱える人が多いことは、よく知られています。特に知的能力障害のあることが周囲に認知されておらず、支援教育の対象となっていなかった人が、学校の環境に適応できず不登校やひきこもりになることはしばしばあります。

②自閉スペクトラム症（ASD）

従来、「自閉症」や「アスペルガー障害」、「特定不能の広汎性発達障害」などと診断されていた群です。レオ・カナーやハンス・アスペルガーによって研究された状態を、ローナ・ウィングが「自閉症スペクトラム」という概念にまとめ、「社会性の障害」、「コミュニケーションの障害」、「想像力の障害」がその特徴であると定義しました。

米国精神医学会による国際診断基準であり、現在精神科診療の場で広く用いられている「精神疾患の分類と診断の手引き第5版」（DSM-5）では、「社会的コミュニケーションの障害」「限定された反復的な行動様式」が主な症状とされています。このような特性により、心が傷つく体験をしたり、自尊心が低下したりすることによって、生きづらさがさまざまに生じます。ひきこもっている人のなかに軽症の自閉スペクトラム症の人が数多くいることは、よく知られています。

資料1　DSM-5の診断基準（ASD／一部省略）

A．複数の状況で社会的コミュニケーションおよび対人的相互反応における持続的な欠陥があり、現時点または病歴によって、以下により明らかになる。

(1)相互の対人的──情緒的関係の欠落で、例えば、対人的に異常な近づき方や通常の会話のやり取りのできないことといったものから、興味、情動、または感情を共有することの少なさ、社会的相互反応を開始したり応じたりすることができないことに及ぶ。

(2)対人的相互反応で非言語的コミュニケーション行動を用いることの欠陥、例えば、まとまりのわるい言語的、非言語的コミュニケーションから、アイコンタクトと身振りの異常、または身振りの理解やその使用の欠陥、顔の表情は非言語的コミュニケーションの完全な欠陥に及ぶ。

(3)人間関係を発展させ、維持し、それを理解することの欠陥で、例えば、さまざまな社会的状況に合った行動に調整することの困難さから、想像上の遊びを他者と一緒にしたり友人を作ることの困難さ、または仲間に対する興味の欠如に及ぶ。

B．行動、興味、または活動の限定された反復的な様式で、現在または病歴によって、以下の少なくとも2つにより明らかになる。

(1)常同的または反復的な身体の運動、物の使用、または会話。

(2)同一性への固執、習慣への頑ななこだわり、または言語的、非言語的な儀式的行動様式。

(3)強度または対象においては異常なほど、極めて限定され執着する興味。

(4)感覚刺激に対する過敏さまたは鈍感さ、または環境の感覚的側面に対する並外れた興味。
C. 症状は発達早期に存在していなければならない(しかし社会的要求が能力の限界を超えるまでは症状は完全に明らかにならないかもしれないし、その後の生活で学んだ対応の仕方によって隠されている場合もある)。
D. その症状は社会的、職業的、または他の重要な領域における現在の機能に臨床的に意味のある障害を引き起こしている。

③注意欠如・多動症(ADHD)

「不注意」「多動」「衝動性」を特徴とする状態です。自閉スペクトラム症に合併することも多いことが知られています。DSM-5によると、有病率は子どもの約5%、成人の約2.5%となっています。

従来は主に子どもの時期の問題であると考えられていましたが、近年はさまざまな成人の精神的不健康状態の背景要因にADHDがあることがわかってきています。

資料2 DSM-5の診断基準(ADHD/一部省略)

A. (1)不注意:以下の症状のうち6つ(またはそれ以上)が少なくとも6ヶ月持続したことがあり、その程度は発達の水準に不相応で、社会的および学業的/職業的活動に直接、悪影響を及ぼすほどである。
(a)学業、仕事、または他の活動中に、しばしば綿密に注意することができない、または不注意な間違いをする。
(b)課題または遊びの活動中に、しばしば注意を持続することが困難である。
(c)直接話しかけられた時に、しばしば聞いていないように見える。
(d)しばしば指示に従えず、学業、用事、職場での義務をやり遂げることができない。
(e)課題や活動を順序立てることがしばしば困難である。

(f)精神的努力の持続を要する課題に従事することをしばしば避ける、嫌う、またはいやいや行う。
(g)課題や活動に必要なものをしばしばなくしてしまう。
(h)しばしば外的な刺激によってすぐ気が散ってしまう。
(i)しばしば日々の活動で忘れっぽい。
(2)多動性および衝動性：以下の症状のうち6つ（またはそれ以上）が少なくとも6ヶ月持続したことがあり、その程度は発達の水準に不相応で、社会的および学業的／職業的活動に直接、悪影響を及ぼすほどである。
(a)しばしば手足をそわそわ動かしたりトントン叩いたりする、またはいすの上でもじもじする。
(b)席についていることが求められる場面でしばしば席を離れる。
(c)不適切な状況でしばしば走り回ったり高いところへ登ったりする。
(d)静かに遊んだり余暇活動につくことがしばしばできない。
(e)しばしば"じっとしていない"、またはまるで"エンジンで動かされているように"行動する。
(f)しばしばしゃべりすぎる。
(g)しばしば質問が終わる前に出し抜いて答え始めてしまう。
(h)しばしば自分の順番を待つことが困難である。
(i)しばしば他人を妨害し、邪魔する。

B. 不注意または多動性―衝動性の症状のうちいくつかが12歳になる前から存在していた。
C. 不注意または多動性―衝動性の症状のうちいくつかが2つ以上の状況（例：家庭、学校、職場、友人や親戚といるとき、その他の活動中）において存在する。

④限局性学習症（SLD）

「読む」「書く」「計算する」の領域に困難がある状態です。文部科学省の調査によると、知的障害のない児童生徒の4～5％に学習面の著しい困難があるとされています。この状態もまた自閉症スペクトラム症や注意欠如・多動症と合併することがあります。

⑤その他の神経発達症

その他の障害として、言語、発音、流暢さ、社会性などの問題でコミュニケーションがうまくできないコミュニケーション症や、年齢に比して著しく不器用であることが特徴の発達性協調運動症などがあります。

(3)成人の精神科医療における発達障害

成人を対象とする精神科に受診する人の訴えはさまざまですが、多くは気分の落ち込み(抑うつ)、不安、不眠、イライラなどです。それぞれ、うつ病、神経症、統合失調症やパーソナリティ障害などの診断にもとづいて治療されることが多いのですが、なかにはこうした症状の背景に発達の特性の影響の認められる場合があります。こうした例では発達の視点をもつことが治療や支援の役に立ちます。

以下に、いくつかの例を挙げて説明します。

①典型的な症状がありながら…… ――(加藤くん・15歳男性)

全日制高校の1年生です。休み時間に同級生が大きな声で騒いでいたところ、突然2階の教室の窓から運動場に飛び降り、そのまま学校外に走り出ようとしました。教員の制止に対して、加藤くんが興奮し大暴れしたため、精神疾患の存在を疑われ、教員がつき添ってX病院精神科に連れて行かれました。

病院では統合失調症ではないとの診断で、そのまま帰宅しましたが、その後不登校となったため、両親とともにY医院に受診しました。

加藤くんは診察室では落ち着きなく歩き回り、問いかけに対してほとんど答えようとしませんでした。

母親は、同級生からのからかいを放置していたことと、無理矢理に精神科病院を受診させたことで本人が不登校になったのだからすべての責任は学校にあり、本人の行動は問題ではない、という考えでした。母親は、加藤くんに発達上の問題があるとは思っておらず、単に勉強のできない子だという認識でした。また、成績のよい兄と比較して厳しく叱っていた、とのことでした。

成育歴を母親から聞き取ったところ、言葉の発達の遅れ、集団適応の困難、種々のこだわり行動、知覚過敏（タバコの匂いを異様に嫌がる、他人の声に過敏に反応するなど）、学校の成績不振、中学校時代のいじめ、などの事実が明らかになりました。

発達歴や心理検査の結果から、自閉スペクトラム症と診断し説明しましたが、母親は納得しませんでした。その後、数回の家族面接を経て何とか家族の理解が得られました。

家族と学校の理解が得られたことで、加藤くんの問題行動は徐々に減り、無事高校を卒業し障害者枠雇用での就労に結びつけることができました。

典型的な自閉スペクトラム症の症状がありながら、家族の理解がなく不適切な関わりをしていた例です。受診のきっかけとなった問題行動は、中学校での激しいいじめによるＰＴＳＤ（心的外傷後ストレス障害）の症状であると考えられました。発達障害の診断が環境改善につながりました。

②予想しにくいストレスで一時的な妄想様症状――（小林さん・28歳男性）

大学を卒業後、大手の設備関係の会社に就職しました。取引先とのトラブルを契機として「自分の脳のコンピュータが故障して仕事ができない」と訴えたため、上司が産業医に相談。その結果「統合失調症の疑いがある」と判断され、会社の命令でＸ医院を受診しました。

診察時に「脳のROMが誰かに書き換えられている」などと発言したため、短期精神病性障害の診断で少量の抗精神病薬を投与されました。服薬後、抗精神病薬の副作用であるアカシジア（静座不能症）が強く出現し、興奮が強まり自殺の危険も生じたため、家族が入院治療を希望して精神科病院を受診しました。入院後、薬剤の調整によってアカシジアは速やかに消失、精神状態も落ち着いたため1週間で退院となりました。

家族からの聞き取りにより、幼少時からの発達の偏りが明らかになりました。幼児期から、視線が合わない、集団に馴染めないなどの社会性の障害に加え、言葉の遅れや漢字に対する強いこだわりが認められていました。学校の勉強では、記憶を要する科目の成績は非常によかったものの、算数の文章題や国語は苦手だったとのことです。知能検査でも全知能指数は優秀でしたが、個々の能力間の差が大きく、特に動作性の知能指数は低値でした。

軽症の自閉スペクトラム症と診断し、発達の特性について小林さんと家族に説明し、職場との環境調整を行うことによって、無事に復職が果たせました。

高い知的能力を活かして就職できましたが、顧客とのトラブルという小林さんにとって予想しにくいストレス状況で一時的に妄想様の症状が出現した例です。資材管理や会計処理などの定型的な業務の能力は高かったため、その能力を活かして職場に復帰することができました。

③明確には診断できない程度の発達の偏り（佐藤さん・28歳女性）

佐藤さんは就職活動をしないまま大学を卒業しました。その理由は「したい仕事が思いつかなかったから」というものでした。

2年間自宅にひきこもった後、このままでは経済的に困ったことになると思うようになり、ハローワークに通い始めました。しかし、相変わらず就職先を決めることができず、就職面接を受けることはありませんでした。

ハローワークの相談員にすすめられ、とりあえずコンピュータ関連の職業訓練を受けました。職業訓練が終了した後は、再び自宅にひきこもるようになりましたが、その頃から睡眠リズムの乱れが気になり始めました。睡眠リズムが乱れているせいで就職できない、という訴えでX病院精神科を受診しました。

診察場面では明らかな社会的コミュニケーションの障害は認められませんでしたが、佐藤さんからの聞き取りで「小学校時代から一貫してクラスでは孤立しており友人と呼べる人はなかった」「他人が笑っている状況で、何がおかしいのかまったくわからない」などの発言がありました。

このような発言と心理検査の結果を合わせ、就職ができないのは発達障害の特徴の1つである想像力の障害である、と判断されました。就職できないことに対する焦りからしばしば抑うつ状態になり、時に自傷行為も出現しましたが、発達障害という診断を受け入れたことにより、焦りは軽快。とりあえず作業所通所から始めるという方針を了解しました。

想像力の障害のため就職活動が難しく、結果的にひきこもり状態となった例です。ひきこもりの人たちのなかにこのような例はしばしば見られます。自閉スペクトラム症とは明確に診断できない程度の発達の偏りが、しばしば大きな生きづらさの要因となることがあります。

④不適切な関わりに起因する愛着障害（鈴木さん・28歳女性）

有名大学を卒業後、大手の会社に入社しました。仕事がうまくいかず悩んでいたとき、男性上司に親切な指導をしてもらったことから、その上司に対し恋愛感情を抱くようになりました。

会社のメールで私的な相談を繰り返すようになったため、困った上司が距離を取るようにしたところ、鈴木さんは「あなたに冷たくされたので、死にます」という手紙を出した後、手首を切って自殺を図りました。救急病院で傷の治療を受けた後、精神科受診をすすめられ、家族とともに受診しました。

境界性パーソナリティと診断できる状態でしたが、職場での適応状況や幼少時の様子から、注意欠如・多動症に加えて母親からの不適切な関わりが背景にある状態と診断されました。仕事の進め方や対人関係の取り方のアドバイスを中心とした関わりをすることによって、徐々に症状は落ち着きました。

このように、背景にある発達障害による不適応と、親の不適切な関わりに起因する愛着障害によって、パーソナリティ障害の症状を示す例もあります。このような例に対しては、発達特性に配慮した具体的なアドバイスが有効です。

⑤特性を理解し納得できる関係の取り方で（高橋さん・45歳男性）

大手製薬会社の研究職です。家庭内不和の原因が高橋さんのパーソナリティ障害によるのではないか、と訴える妻に連れられてX医院を受診しました。高橋さん自身は、「自分に問題があるとは思わないが、妻がイライラするので困る」とのことでした。

高橋さんは大学院博士課程を卒業後、現在の会社に就職しています。世界的にも研究者の少ない特殊な分野ですが、熱心に研究を続け、会社に対してはそれなりの貢献をしているとのことです。

しかし同僚や部下に対する配慮ができず、経歴相応の地位にはついていません。38歳のときに結婚し、現在5歳の子どもがいます。妻の不満は、たとえば食事中に子どもがふざけて食器をひっくり返しても高橋さんは叱ってくれない、など子育てに関するものが主です。高橋さんにその理由を尋ねると「子どもがふざけて食器をひっくり返したのか、それともたまたまなのか、自分には判断できないので、叱らない」という返事でした。

また、妻が頼んでも高橋さんはエアコンの温度調節をしてくれない、ということでした。この理由は「室温が何度だと暑いのかわからない。何度に設定しろと言ってくれないと……」ということです。

子育ての苦労もあり、妻のイライラは相当なものでした。妻自身が別の心療内科で抗不安薬の投薬を受けているということです。高橋さんの幼少時の状況については情報がなく、発達障害であるとはっきり診断はできないのですが、高橋さんの発達障害的な特性を妻に対して説明し、何度かの診療のなかで、互いに納得できる関係の取り方をアドバイスすることで、妻のイライラは軽くなりました。

⑥背景に存在する発達障害――重ね着症候群

以上はいずれも発達障害と診断することが、支援や治療に有益であった例です。

先述のように、精神科に受診する人のなかには知的障害を伴わない、いわゆる軽症発達障害の場合に発達障害の存在が見過ごされている人がしばしばあります。例示した以外にも、強迫性障害や身体表現性障害などいろいろなタイプの神経症パーソナリティ障害、アルコールや薬物などへの物質依存、ギャンブルなどへのプロセス依存、摂食障害などさまざまな症状の背景に、発達障害が存在する場合があります。こうした状態は「重ね着症候群」と名づけられています（衣笠隆幸、２００４）。表面に現れている症状に対する標準的な治療を行うとともに、発達特性に応じた心理教育や環境調整が必要です。発達障害を専門に診療する医療機関でなくても、発達という視点をもつことは精神科医療において必須であるといっても言い過ぎではないでしょう。

現在、発達障害の診療は広く行われるようになり、多くの精神科医療機関で発達障害の診断がなされるようになりました。教育や福祉の分野でも発達障害の特性に配慮した支援が行われるようになっています。また、インターネットやマスコミなどの情報により、一般の人たちも発達障害に対する理解が進んできたように思われます。

しかし一方で、昨今ややもすると「発達障害」という言葉が一人歩きし、過剰診断や〝自己診断〟がしばしば問題を引き起こすことがあります。うまく社会に適応できない人が「発達障害」というレッテルを貼られ、排除の対象となることも時にはあります。また性急な診断がかえって状況の混乱を招くこともあります。そのような例について、以下に示します。

⑦性急な診断でかえって混乱（田中さん・35歳男性）

両親に対して暴言を吐く、という訴えで両親が相談のため、筆者の勤務する病院を訪れました。

両親によると、田中さんは小学校の低学年までは、友達も数人いて特に問題があるとは思わなかったそうです。ところが、小学校4年頃からほとんど友達と遊ぶことがなくなったといいます。中学校でも孤立していましたが、不登校になることはなく卒業。成績は下の方だった、とのことです。普通高校に入学しましたが、間もなく不登校となり、通信制高校に転校しました。

高校卒業後、機械関係の専門学校に入学。機械いじりは大好きだったので、大きな問題なく卒業し、工場に就職しました。仕事自体は楽しかったようですが、自分のやり方を押し通そうとするため、しばしば上司や同僚と衝突することがありました。就職して1年半で退社。以後自宅にひきこもる生活を続けています。

この間、発達障害に関するインターネットのサイトを見て、自分自身が発達障害ではないかと感じ、某精神科クリニックを受診。初診の段階で、注意欠如・多動症を合併した軽症の自閉症スペクトラム症という診断を告げられ、注意欠如・多動症の治療薬（メチルフェニデートとアトモキセチン）の投与を受けました。

その際の説明で「発達障害は親からの遺伝である」と受け取った田中さんはその後、「発達障害について勉強して、自分の状況について責任をとれ！」と両親を責めるようになりました。田中さんは、その後自己判断で服薬をやめ、某医院への通院も数回で中断してしまいました。

両親に対し、田中さんへの対応方法のアドバイスをしましたが、結局両親はその後再び相談に来ることはありませんでした。

某診療所での説明がどのようなものであったのかはよくわかりませんが、性急な診断により、かえって状況が混乱してしまった例です。

(4) 治療の対象は生きづらさ

発達障害は、DSM-5などでは厳密な診断基準が定められていますが、発達面での偏りのない人(定型発達と呼ばれます)と明確に区別できる状態ではありません。発達障害とは、発達の偏りに由来する困難のある状態です。治療の対象は生きづらさであって、発達の偏りそのものではありません。

発達の特性を理解することは治療にあたって重要なことではありますが、発達障害の診断をすることそのものに意味があるのではありません。診断はあくまで治療・支援の方向づけをするために必要なものなのです。診断名の告知も、本人や家族の気持ちや状況に十分配慮した上で適切な時期に行うべきものなのです。

発達障害の知識が広く普及する現在、〝正しい診断〟が時に人を傷つけるということを心に留めながら、発達特性を見る目をもった支援が必要だと考えます。

【編著者プロフィール】

漆葉　成彦（うるは　しげひこ）

1958年京都府生まれ。大阪大学医学部卒業。精神科医師。佛教大学保健医療技術学部教授。共編著に『何度でもやり直せる』クリエイツかもがわ、2017年、『精神医学マイテキスト』金芳堂、2011年。共訳書に『虐待された子どもへの治療』明石書店、2005年。ほか睡眠障害に関する論文。

近藤真理子（こんどう　まりこ）

1969年大阪府生まれ。奈良教育大学大学院修了。共編著に『子どものあそびをキャッチ』双葉社、2009年、『ぼくたちわたしたち福祉探偵団』三学出版、2003年ほか。

藤本　文朗（ふじもと　ぶんろう）

1935年京都府生まれ。滋賀大学名誉教授。博士（教育学）。全国障害者問題研究会顧問。著書に『障害児の義務性に関する教育臨床的研究』（多賀出版、1989年）、共編著に『何度でもやり直せる』クリエイツかもがわ、2017年、『ひきこもる人と歩む』新日本出版社、2015年、『ベトドクと考える世界平和』新日本出版社、2017年ほか多数。

◎執筆者一覧（執筆順・編著者除く）

上野　一郎（本人）
中原　美江（保護者）
村上真理子（佛教大学付属幼稚園副園長）
渡辺恵津子（元小学校教諭・大東文化大学特任准教授）
内本　年昭（大阪府河内長野市西中学校教頭）
森下　陽美（立正大学障害学生支援室コーディネーター）
白濱　智美（就労継続支援事業所あむりた施設長・佛教大学非常勤講師）
松原よし子（社会福祉士・精神保健福祉士）
脇田　慶和（脇田行政書士事務所所長）
竹澤　大史（和歌山大学教育学部講師）
神代　末人（佛教大学学生相談センター・臨床心理士）
亀岡　智美（兵庫県こころのケアセンター副センター長・精神科医）

◎装丁デザイン　佐藤　匠
◎装画・イラスト　とも

発達障害のバリアを超えて
——新たなとらえ方への挑戦

2019年2月28日　初版発行

著者　漆葉　成彦
　　　近藤真理子
　　　藤本　文朗

発行者　田島英二　taji@creates-k.co.jp
発行所　株式会社クリエイツかもがわ
〒601-8382　京都市南区吉祥院石原上川原町21
電話 075(661)5741　FAX 075(693)6605
郵便振替　00990-7-150584
ホームページ　http://www.creates-k.co.jp

印刷所——モリモト印刷株式会社

ISBN978-4-86342-254-4 C0037
Printed in Japan

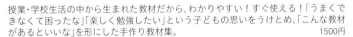

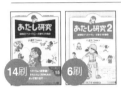